安徽省亳州地区电力发展史

鄢张翼 编著

合肥工业大学出版社

图书在版编目(CIP)数据

安徽省亳州地区电力发展史/鄢张翼编著.—合肥:合肥工业大学出版社,
2023.6

ISBN 978 - 7 - 5650 - 5963 - 6

Ⅰ.①安…　Ⅱ.①鄢…　Ⅲ.①电力工业—工业史—亳州市　Ⅳ.①F426.61

中国国家版本馆 CIP 数据核字(2023)第 080248 号

安徽省亳州地区电力发展史

鄢张翼　编著		责任编辑　张　慧		
出　版	合肥工业大学出版社	版　次	2023 年 6 月第 1 版	
地　址	合肥市屯溪路 193 号	印　次	2023 年 6 月第 1 次印刷	
邮　编	230009	开　本	710 毫米×1010 毫米　1/16	
电　话	人文社科出版中心:0551 - 62903205	印　张	12	
	营销与储运管理中心:0551 - 62903198	字　数	198 千字	
网　址	press. hfut. edu. cn	印　刷	安徽联众印刷有限公司	
E-mail	hfutpress@163.com	发　行	全国新华书店	

ISBN 978 - 7 - 5650 - 5963 - 6　　　　　　　　　　　　　定价:78.00 元

如果有影响阅读的印装质量问题,请与出版社营销与储运管理中心联系调换。

《安徽省亳州地区电力发展史》编委会

主　　　　任	汪　泳	孙庆生	梁　伟		
副　主　任	杨　德	刘兴中	刘晓明	叶　凯	黄少雄
编　　　　委	夏春平	徐大为	李　君	孙保成	米　嵩
	张　良	唐亚非	酆张翼		
编　　　　著	汪　泳	酆张翼			
主要编写人员	李　君	管　丽	程　诚	孟筱筱	

参与编写人员 （按姓氏笔画为序）

刁克敏	王加肖	刘　喆	曲鸿春	任俊琴
闫蓓蓓	孙　威	李淑君	李　坛	李　强
李壮远	杨真真	吴索路	汪　琦	张博博
张珍珠	张　岩	张钊瑞	赵　亮	赵建业
赵　尧	胡　阳	姚　超	黄　冬	焦　辉
谢　辉	路桂子	樊承鹏	滕云峰	魏　博
魏　萌				

特邀摄影	张家柱	刘　涛	张建华	张延林	李　伟
	李洪涛	梁西海			
特邀编辑	朱振宇	宋海洋			
档案整理	辛　红	刁　玲	林晓梅	蒋　瑞	戎星宇

序

    1922 年，亳州士绅姜呈五等人出资 5 万多银圆、日本商人福弟出资 20 万日元，在涡河下关创建了亳县荣记电灯公司，拉开了亳州电力事业发展的序幕。虽然在 1925 年，短短 3 年时间，荣记电灯公司便毁于战火，令人唏嘘不已，但亳州乃至整个中国电力事业前进的步伐，没有因此而停止。从 1922 年到 2022 年，100 年来，亳州电力事业经历了曲折坎坷的发展历程，取得了一个又一个令人瞩目的辉煌成就。《安徽省亳州地区电力发展史》详述了 100 年来亳州地区电力事业发展的艰辛历程，既是对亳州电力事业成长和发展的回顾，也是亳州经济发展和社会变迁的缩影。

    草创初期，受频繁的战争和动荡的社会环境的影响，亳州电力事业发展举步维艰，屡屡受挫。在这一历史时期，电力已经彻底改变了人类社会的面貌和生产生活的方式，但处于我国内陆地区的亳州人民却始终与电无缘，迟迟未能享受到电为生活带来的便利。对于亳州人民而言，电仍是一个既陌生又神奇的新事物。1948 年 2 月，亳州解放。1949 年新中国成立后，党和政府高度重视电力事业建设，亳州电力事业发展迈入新阶段。如今，电力工业已经成为亳州国民经济发展的支柱产业。回首百年发展历程，亳州电力事业泾渭分明地分为几个阶段，分别是中华民国时期、新中国成立初期、改革开放后、21 世纪以来和中国特色社会主义新时代。在每个阶段，亳州电力事业都面临着不同的发展机遇和挑战。

    电力事业发展是经济社会发展的缩影。在百年发展历史进程中，亳州电力人进行了种种探索和尝试。从早期的荣记电灯公司、涡阳涡光电灯厂，到新中国成立初期的华明电灯股份有限公司、亳县电厂，再到改革开放后的亳州供电局和亳州热电厂，以及进入 21 世纪后成立的亳州供电公司，亳州电力事业经历了一个从无到有、从弱到强、从落后到先进的历程。亳州电力事业在开拓、创新、改革、发展的道路上越走越远，在社会主义建设时期、改革开放、脱贫攻坚、乡村振兴等重要阶段，均发挥了不可替代的重要作用。2000 年 5 月，国务院批准设立地级亳州市。2002 年，亳州供电有限责任公司正式成立，标志着亳州电力事业进入新的发展阶段。同时，随着电力事业的发展，亳州也从一个经济落后、交通闭塞的小县城，逐渐崛起成为一座繁荣美丽、欣欣向荣的现代化名城，成为如今的"国家历史文化名城""中国首批优秀旅游城市""中华药都"。

人民电业为人民。100 年来，亳州实现了城乡用电的全面普及和改善，切切实实做到了以人民为中心、为人民谋福祉。新时代的亳州电力事业不断推进机构和机制改革，加快产业结构转型升级，全面铺开电网建设，以党建引领发展，加强人才团队培育和人文关怀，勇担社会责任，践行公益使命，科学谋划，前瞻布局，走出了一条中国特色社会主义新时代电力事业发展道路。

在亳州电力事业百年发展历程中，涌现出一大批先进典型和模范人物，对他们的描述与刻画是本书的一大特点和重要内容。本书第七章详细介绍了 15 位曾在亳州电力系统工作的离退休职工，包括呕心沥血推动管理体制改革的黄启明，戎马半生、铁心跟党走的于成广，埋头苦干 30 年的陈英勇，只做耕耘、不问收获的丁文亚，热爱集体、学无止境的李兰珍，等等。他们为亳州电力事业的发展奉献了全部青春、倾尽了满腔热血。他们的人生，折射了那个波澜壮阔的建设时期；他们的故事，就是一部鲜活的亳州电力百年发展史。

著名历史哲学家柯林伍德说过："一切历史都是思想史。"罗素也说过："对历史的透视能够使我们更清楚地看出，什么事件和哪种活动有着永久的重要性。"记录历史的目的不只是单纯地进行保存、继承和延续，而是使人们通过阅读、分析和思辨，形成对同一事物的全新认识，从而推动其不断创新发展。希望《安徽省亳州地区电力发展史》能够帮助读者重温亳州地区电力事业恢宏壮阔的发展历史，更深入地了解电力事业对人们日常生活和社会发展的影响与重要意义，总结发展经验，近距离观察历代亳州电力人是如何为亳州地区电力事业的发展而奋斗的，将他们的拼搏精神传承下去，激励更多的人热爱电力事业，投身电力事业发展的浪潮，创造可期的、更加美好的未来。

目　　录

第一章
长夜难明

民国时期的亳州地区电力

从 1882 年中国电力工业诞生至今，中国电力已走过 140 个春秋，满足了近世界五分之一人口的用电需求，支撑中国从落后的半殖民地半封建社会成为世界第二大经济体，取得了举世瞩目的伟大成就。新中国成立前，中国电力发展充满坎坷，电力工业从诞生伊始，一直伴随着列强侵略和战争，缺乏和平稳定的外部环境，缺少先进的技术和设备，电力工业发展缓慢。对地处内地的亳州人民而言，电是一个新事物，电的到来改变了传统的生产生活方式。

第一节　近代中国电力的萌芽与发展

一、电的传入

虽然近代我们才使用上电，但是我们的祖先对电并不陌生。我国有关电的记载，最早可以追溯到商周时期，那时我们的祖先就已经用甲骨文、金文记录了电闪雷鸣的自然界放电现象。到汉武帝时，已开始在宫殿屋脊上安装"鸱鱼"，用于避雷；西汉末年，在《春秋纬·考异邮》中，已经有了关于摩擦生电的记述。

战国时期，中国利用磁石制成了世界上最早的指南针，称作"司南"；西汉初期，刘安所著《淮南子》中，更有磁石"引针""召铁"现象的生动记载；到了 11 世纪的宋朝，沈括在《梦溪笔谈》中记述了指南针"常微偏东，不全南也"的科学现象，第一次发现地磁偏角的存在；到了 12 世纪，中国成功将指南针应用于航海。

可以说，中国对大自然放电现象的研究和对磁学知识的应用，已经达到了当时世界最高水平。19 世纪 30 年代初，法拉第的第一台手摇圆盘直流发电机诞生时，中国已落后于时代潮流和先进文明。

1875 年，世界首座火力发电厂在法国巴黎北火车站建立，用以解决车站的照明问题。仅仅 4 年后的 1879 年，当时在上海公共租界的英国殖民统治者，为了欢迎美国第 18 任总统格兰特路过上海而筹办"水龙盛会"，并为此购买了德国西门子-哈尔斯克公司的一台 10 马力自励式直流发电机，于当年 5 月 17 日、18 日两个晚上，在外滩发电亮灯。上海外滩发电亮灯，开创了中国电灯照明的先河，当时灯被称赞为"奇异的灯""奇异的自来月"。

1882 年 4 月，在上海的几位英国商人，投资 5 万两白银，开办了上海电气公司，购进美国克里夫兰电气公司制造的锅炉、汽轮机和发电机等设备，在南京路与江西路交口西北角 31 号（今南京东路 190 号）同孚洋行后面的一个旧仓库内，建立了一座容量为 12 千瓦的发电厂。上海电气公司的出现，标志着中国大地上诞生了第一家电力生产企业。它是外商在中国建立的首家电气照明企业，后来变更为新申电气公司和公共租界工部局电气处。[①] 它比法国巴黎建立的世界上第一座发电厂晚 7 年。

二、早期国内电力的创办

从当时社会背景看，将电传入中国，是西方列强出于殖民统治和经济掠夺的需要，几乎在欧美电力工业起步的同时，他们就把先进的发电技术引入了中国。[②] 中国的电力事业正是在这种复杂的历史环境之下萌芽。看到电给生产生活带来的巨大便利，当时的清政府也开始兴办电业。一些大城市，如北京、上海、武汉、天津开始建造发电厂。这些电厂既有外国资本投资的，也有本国政府投资的，值得注意的是民族资本也在这个时候涉足电力行业。

1888 年，清政府在北京、广州、台湾先后建设电厂。同年，慈禧太后准备"还政"于光绪皇帝，清工部为慈禧太后"退居修养"做准备，在旧时的北京西苑（今中南海）大兴土木，除了大加修葺园林房舍外，还建电厂、装电灯。经北

---

① 黄兴．晚清电气照明业发展及其工业遗存概述［J］．内蒙古师范大学学报（自然科学汉文版），2009（3）．

② 包叙定．中国电机工业发展史——百年回顾与展望（教材版）［M］．北京：机械工业出版社，2013，第 5 页．

洋大臣李鸿章奏准成立西苑电灯公所，以白银6000两，向丹麦祈罗弗洋行购买了容量为20马力的发电设备，并于1889年1月30日开始发电，供宫廷照明使用。这是中国第一家自己创办的电厂。1891年，清政府又从德国购入由蒸汽机带动的20马力发电机组，成立颐和园电灯公所，并于1892年建成发电。1900年，西苑电灯公所和颐和园电灯公所均毁于八国联军的铁蹄之下。1901年"庚子之变"后，慈禧从西安回到北京，太子少保、工部左侍郎盛宣怀筹集白银12.49万两，重建西苑和颐和园两个电灯公所，并于1907年6月先后完工发电。

到1911年辛亥革命爆发之际，国内许多大中型城市和通商口岸都建立了电力企业。据统计，1911年辛亥革命时，全国有电力企业52家，总装机容量为76239千瓦。其中外资企业有24家，装机容量占54.5%，具有代表性的是英资上海电气公司6400千瓦和日资在东北建立的电灯公司7500千瓦；内资企业有28家，装机容量占45.5%，包括清朝官吏兴办的京师华商电灯公司3035千瓦。[①]

从国内早期电力企业的诞生背景和运营规模来看，由外国资本投资兴办的电力企业运营规模、生产技术、发电设备远远领先于国内投资兴办的同类电力企业。此外，由于技术的落后、资金的匮乏，当时国内电力企业的电力设备基本依赖于进口。同其他行业一样，彼时中国电力工业的前途和命运牢牢掌握在外方手中，中国电力工业在夹缝中生存。

三、国产电力制造业的诞生

工业的发展依赖于设备，设备的制造依赖于技术。在电发明和使用初期，发电机和发电厂的容量都很小，因此电能的产生和运用高度依赖发电设备和电器制造技术。这也是近代中国电力工业的短板。一个国家只有掌握了核心的制造技术，能够独立自主生产设备，才能真正在行业站稳脚跟，发展壮大自己的工业体系。对比中外电力工业的发展轨迹，我们可以发现两条完全不一样的发展道路。西方国家在电力工业发展历程中，电器制造技术先行，随之制造出发电、输变电、供用电等设备，建立起电力生产技术中的发电、输电、变电、供电、用电诸

---

① 包叙定. 中国电机工业发展史——百年回顾与展望（教材版）［M］. 北京：机械工业出版社，2013，第7页.

环节，从而形成电力系统。① 这也是大多数西方国家电力工业发展的规律。当时西方涌现出一大批杰出的电力科学家，为电力工业的进步做出了巨大贡献，使西方掌握了先进的电力生产技术。

对于当时的中国而言，最早是外国资本在中国投资发电设备、建立电厂，如上海电气公司。中国电工发展是先电能使用（建电厂）后制造发电机②，即先使用电能，而后掌握发电设备和电器的制造。这种特殊的发展模式受当时特定的社会环境所影响。从清政府闭关锁国开始，中国的发展便逐渐落后于世界，尤其是自然科学技术发展严重停滞，而以英美为代表的西方国家通过两次工业革命迅速实现了向近代工业国家的转变，社会面貌发生了翻天覆地的变化。

中国对发电设备和电器制造的掌握最早可以追溯到 20 世纪初。1905 年，清政府直隶工艺总局在天津开办的教育品制造所，陆续制作了 35 种电学、磁学类教具，包括威姆爱斯特发电机。这可以被视为中国电力事业的里程碑时刻。1911 年辛亥革命后，当时的北洋政府交通部在上海设立了电池厂，这是中国第一家国家资本电工企业。1913 年，美国通用电气公司在上海设立子公司——中国奇异爱迪生灯泡厂，主要生产白炽灯，兼产电瓷配件、家用电灯开关。这是中国第一家外资电工企业。1914 年，美日集资与当时的北洋政府在上海兰州路合办中国电气股份有限公司，生产电话机和交换机。这是中国第一家中外合资电工企业。1917 年，上海华生电器厂研制成功中国第一台实用直流发电机，标志着中国电力设备制造业真正迈入了工业应用阶段。

国产电力设备制造业的诞生标志着中国人可以独立掌握发电设备和电器制造技术，对中国电力事业的发展具有十分重要的意义。国内一些地方也开始陆续建设电力设备制造企业，比较著名的有钱镛记电业机械厂、华生电器厂、华通电业机械厂等。③ 在第一次世界大战期间，同其他民族工业一样，中国电力事业的发展也进入了一段"黄金时期"。虽然与外资背景的电力设备制造企业相比，国内的电力设备制造企业无论是资本规模还是技术手段都比较落后，但是民族电力事业依然取得了傲人的成就，展现了国人不屈不挠的精神，在与西方电力工业的竞争中始终保有一席之地。

---

① 黄晞. 中国近现代电力技术发展史 [M]. 济南：山东教育出版社，2006，第 2 页.
② 何小刚. 中国装备史 [M]. 上海：上海社会科学院出版社，2018，第 21 页.
③ 《中国电器工业发展史》编辑委员会. 中国电器工业发展史（综合卷）[M]. 北京：机械工业出版社，1989，第 21 页.

四、新中国成立前夕中国电力的挫折

1931 年，日本发动九一八事变，侵占东北三省，并实行垄断政策，东北电力企业遭到了日本赤裸裸地侵夺。1937 年，日本发动全面侵华战争后，更将中国的电力工业视作其重要的战争资源，直接占领吞并当地电力企业为侵略战争服务。

全面侵华战争期间，安徽电力工业也遭到日军的大肆侵略洗劫，安徽本土电力企业损毁严重。芜湖、安庆电厂被华中水电株式会社侵占；淮南煤矿自备电厂由日本三菱、三井财团掠夺经营；蚌埠耀淮电灯公司被日本侵略军司令部控制；合肥耀远电气公司成为日本侵略军和宪兵队的专用电厂；铜陵大通和悦洲振通电灯公司遭日本侵略军飞机两度轰炸，广德广明电气公司被日军烧毁。[①] 1938 年 8 月，日本飞机轰炸涡阳县城城关，涡阳电厂被迫停产倒闭，涡阳的办电历史被中断，一直到解放前，涡阳都未能有条件重新发展电业。

十四年抗战，中国人民为世界反法西斯战争的胜利做出了伟大贡献，也付出了巨大牺牲。在这场战争中，我国电力企业饱受摧残，有的毁于战火，有的被日寇占领，有的被迫西迁，有的停业倒闭。到抗战胜利前夕，中国的电力工业一片萧条。

随着蒋介石发动内战，以及国民政府的贪污腐败，战后的中国电力工业并没有迎来和平稳定的环境，依然发展艰难。事实证明，在帝国主义势力和国内反动势力的双重压迫下，中国的电力发展之路充满坎坷。

---

① 关守仲，陈祥明. 阳光电力［M］. 合肥：合肥工业大学出版社，2007，第 8 页.

第二节　亳州电力的艰难起步

一、亳州行政区划的历史沿革

亳州市位于安徽省西北部，地处华北平原南端，距省城合肥 330 千米，是"国家历史文化名城""中国首批优秀旅游城市""中国长寿之乡""中国武术之乡""中国五禽戏之乡"，享有"中华药都"的美誉。

作为中国历史文化名城，亳州市拥有着悠久的历史，新石器时代就有人类在此活动。商汤最早定都于亳。西周时，姜姓焦国迁都于此，修筑焦城（今亳州市谯城区）。自秦时置谯县起，历经朝代更迭，大都系州、郡或县建制。三国时期魏皇初二年（221 年），封谯郡为"四都"之一。北周大象元年（579 年），周静帝将南兖州改称亳州。隋大业三年（607 年），复改小黄县为谯县。唐开元年间，诏以亳州为"十望州府"之一。五代时期，亳州先后置宣武军、防御州、团练州。北宋大中祥符年间，升为集庆军，置节度使。元代，改属河南行中书省归德府。元末，刘福通拥立韩林儿起义，以亳州城为都。明初，亳州改隶凤阳府。清雍正二年（1724 年），亳州升为直隶州。雍正十三年（1735年），降为散州，隶颍州府。民国元年（1912 年），改亳州为亳县，隶安徽省凤颍六泗道（后改名为淮泗道）。1939 年 4 月底，日本侵华军攻陷亳县城，县政府南迁古城集。翌年 4 月，中国共产党在观堂、刘集、泥店一带，建立了人民抗日政府——涡北办事处；后改称亳县抗日民主政府。抗日战争胜利后，境内两种政权并存：国民党控制城关、城郊和交通要道，共产党在边远农村先后建立了雪商亳、商亳鹿柘、鹿亳太、雪涡、涡亳等边区县级革命政权。亳州在漫长的历史长河中，几经沧桑，逐渐发展成为淮北重镇。但至近代，因连年兵燹，至新中国成立前夕，已是城垣倾圮、满目疮痍。新中国成立后，亳州人民重新建设起这座古老的城市。①

二、荣记电灯公司

安徽电力的发展，最早是从长江沿岸地区开始的。1876 年，中英《烟台条约》签订后，芜湖被开辟为通商口岸，安庆、大通（大通镇，今隶属安徽省铜陵市郊区）被开辟为对外交通口岸。作为外轮停泊地，这些地区也率先兴办了一批电力公司。清光绪二十四年（1898 年），安庆造币厂自备发电使用，此为本省工业用电之始。② 1906 年，芜湖创立明远电灯股份有限公司，它是绩溪人吴兴周所开办，也是安徽省内第一家民办供电企业。到了民国时期，安徽各地陆续建立了规模不一的电灯厂。作为皖北重要的历史文化名城，1922 年，亳州人民迎来了属于自己的电力企业——亳县荣记电灯公司。

1922 年，当时的商务会长沙俊三出面联合亳县的士绅，并以姜桂题大儿子（义子）姜呈五为主要代表，另外还有商界集资 5 万多银圆、在亳州的日本商人福弟投资 20 万日元，在涡河南岸下关处（今亳州砂石厂附近），兴建了亳县历史上的第一座发电厂——亳县荣记电灯公司。③

荣记电灯公司属私营公司，采用传统的火力发电方式，并在亳县城内架设了照明线路。受制于设备、技术和人员等因素，公司的运营规模较小，发电能力低，仅能满足少量用电需求，其中包括每天晚上 6 点至 12 点供当时亳州几家商行照明用电。荣记电灯公司属中外合资兴办，经理由中方的冷华之担任，日商福弟以股东身份兼任工程师，主要技术顾问和操作工人均聘请镇江大照电气公司人员。除了满足自身的供电需求之外，荣记电灯公司还一度向河南鹿邑送电。

1925 年 10 月，孙殿英率匪徒到达亳州境内，12 月攻入城内，大肆纵火抢

---

① 政协亳县委员会文史资料研究委员会. 亳县文史资料（第 1 辑）［Z］. 政协亳县委员会文史资料研究委员会，1984，第 1—3 页.

② 陈基余，赵培根. 安徽大辞典［M］. 上海：上海辞书出版社，1992，第 221 页.

③ 政协亳县委员会文史资料研究委员会. 亳县文史资料（第 1 辑）［Z］. 政协亳县委员会文史资料研究委员会，1984，第 89 页.

劫，亳州工商业由此遭受重创，荣记电灯公司也在这场浩劫中全部毁于一旦。①
到了1930年，直鲁军阀联合冯玉祥、阎锡山倒蒋，孙殿英被任命为讨逆军总司令再次进驻亳州，使亳州遭受70余天的战火洗劫。工商业资本家大多数破产或逃亡，亳州电力事业重建的希望也彻底毁灭了。荣记电灯公司剩余一部分花旗锅炉残体，被汪伪救国军司令张岚峰劫往河南商丘。解放前，商丘电厂的锅炉就是从亳州运去的，而亳州却直至解放后才重见光明。

荣记电灯公司从建立到毁于战火，只存在了短短3年的时间，但是却在亳州的电力发展史上留下了浓墨重彩的一笔。亳县荣记电灯公司是亳州地区诞生的第一家电力企业，从国内第一次出现电能照明到荣记电灯公司的建立，近半个世纪的时间里，亳州人民始终与电无缘。荣记电灯公司的创立彻底改变了亳州与电"绝缘"的局面，第一次让亳州人民感受到了电的神奇和便捷，在亳州人民心中埋下了发展电力工业的火种。

三、涡阳涡光电灯厂

除了亳县之外，涡阳也是亳州地区较早建立电力企业的地区。1935年7月，时任涡阳县县长朱国衡和当地士绅孙协三，在涡阳新华街华佗庙建立了涡光电灯厂。这也是涡阳地区第一家电力企业。

涡光电灯厂设备简陋，仅有一台14马力瓦斯炉动力机和一台30千瓦发电机。8月，张村铺高玉乐安装8千瓦直流发电机发电，半年后与涡光电灯厂合并。从当时的发电设备和电力生产规模来看，该厂规模弱小，但它却是涡阳电力事业的开端。在亳县荣记电灯公司遭到损毁之后，涡光电灯厂存在的意义更为重要。

同亳县荣记电灯公司命运相同，涡光电灯厂最终也毁于战火。1938年5月21日，日军飞机轰炸涡阳城关，涡光电灯厂被迫倒闭。②

作为新事物，无论是亳县荣记电灯公司，还是涡阳涡光电灯厂，从成立伊始便举步维艰，面临着诸多发展困境。首先，电灯公司在当时虽属新行业，有外资参与投资建设，也给亳州人民带来了新鲜事物，但是整体规模还是比较弱小，未

---

① 政协亳县委员会文史资料研究委员会．亳县文史资料（第4辑）[Z]．政协安徽省亳州市委员会文史资料研究委员会，1990，第89页．

② 阜阳市地方志办公室．阜阳地区志[M]．北京：方志出版社，1996，第373页．

能得到全面发展。作为本地企业，电灯公司受设备、技术、人才等客观条件限制，并未能真正掌握核心的电力技术，这也就导致了当遭到战争破坏时，当地并没有足够的能力和条件去进行重建。其次，亳州地区属于内陆地区，当时经济发展落后，工商业发展规模有限，与沿海地区和一些大城市比较而言，对电力的需求远没有那么大，因此电力工业发展相对滞后。最后，连绵不断的战争和复杂的社会变革，无法为亳州电力事业的发展提供一个安全稳定的环境。

　　"长夜难明赤县天，亳州电业创业艰"，这句话是对近代亳州电力事业发展的生动描述。1882 年中国诞生了第一盏电灯，但是对于广袤的中华大地而言，电的光芒依旧微弱。亳州也是如此，自 1882 年至 1922 年的 40 年之间，亳州人民始终与电"绝缘"。直到 1922 年，亳州商界与日本商人集资联合创办了荣记电灯公司，才结束了亳州没有电的历史，但随后战争又使刚刚起步的亳州电力事业昙花一现。解放前夕，因缺乏安全稳定的生产环境，亳州电力工业的发展基本处于停滞状态。当时，为了节省蜡烛和煤油，人们都早早睡觉。煤油灯一灭，整个城市便被黑暗笼罩。枯燥的夜显得格外的漫长，亳县人在漫漫长夜中辗转反侧。对于百姓来说，通电依然是一场遥不可及的梦。

第二章
旭日东升

新中国成立后亳州地区电业的起步

1949 年新中国成立前，中国电力事业在内忧外患的夹缝中生存发展，艰难维持。新中国成立后，中国人民彻底推翻了"三座大山"的压迫，为恢复经济发展扫清了障碍，中国电力事业发展也迎来了分水岭，迈入了新的发展阶段。总的来看主要分为两段时期：一是国民经济恢复时期（1949—1952 年），电力工业开始了恢复与重建工作；二是"一五"期间（1953—1957 年），制定了电业发展目标，社会主义改造基本完成。在全国经济和电力工业建设的方针政策指引下，亳州地区的电力工业也迎来了新中国成立后的新起点。

第一节　国民经济恢复时期的亳州电力

一、新中国电力产业的艰难重建

　　由于帝国主义的长期掠夺和持续多年战争的破坏，新中国成立后，摆在全国人民面前的是一个千疮百孔的烂摊子：经济濒临崩溃，商业资本不足，市场陷入停滞，人民极度穷困。电力工业也同样继承了一个千疮百孔的烂摊子，发展基本处于停滞状态。彼时中国电力工业基础羸弱，设备损毁严重，许多发电厂停运，长期缺电、限电。1949 年时，全国发电装机容量只有不到 185 万千瓦；全年实际用电量 35 亿千瓦时，仅相当于现在一个中等城市一年的用电量；人均用电量仅有 9 千瓦时。[①] 新中国的电力工业就是在这种一穷二白的基础上开始了恢复与

---

　　① 王为民．风景这边独好——新中国 70 年中国电力工业改革发展述评［J］．国家电网，2019（10）．

重建工作。当时安徽省的电力工业情况也不容乐观，直至 1949 年，安徽全省仅有 8 家小电厂，装机容量 1.43 万千瓦，年发电量 2421 万千瓦时。

1949—1952 年国民经济恢复时期，党和政府高度重视电力工业重建工作，主要任务是恢复因为战争而遭受破坏的发电设备、基础设施等，实现重新运营发电。1949 年 10 月中华人民共和国成立之初，中央人民政府便成立了电力管理部门，隶属燃料工业部。燃料工业部下设煤矿管理总局、电业管理总局、石油管理总局，负责管理煤炭、电力和石油工作。① 电业管理总局分为水力发电工程局和西北、西南、中南、华东、华北电业管理局。

1950 年 2 月，第一次全国电力工作会议在京召开。会上，燃料工业部提出将保证安全发供电，并将有重点地建设两三年内工业生产所需的电源设备作为当年的基本任务和工作方针，这也是三年恢复时期（1949—1952 年）的总任务。在此总方针指引下，国家大力改进电力生产技术和管理制度，进一步开展民主改革工作，努力消灭事故，贯彻定额管理政策，力求达到质好、量多、效率高与成本低的目标，以帮助其他工业的生产与发展。到 1952 年，全国总发电量达到 73 亿千瓦时，比 1949 年增长了 60％。1953 年初，全国共有 500 千瓦以上的发电厂 283 个，总设备容量为 197 万千瓦；全国高压输电线路达到 13607 千米。② 经过 3 年的生产建设，党带领人民基本上改变了战争造成的电力事业停滞不前的面貌。

二、亳县华明电灯有限公司的成立

继荣记电灯公司遭到破坏后，亳州的电力事业经历了一段停滞期。一直到解放前，亳州都没有条件发展自己的电力工业。同全国许多地区一样，经过长期的战争破坏，亳州地区工商业发展惨淡，经济落后。解放前夕，亳县全县仅有几家小型工业企业，如烟厂、铁工厂、硝厂等，由于大多是私人开办，生产力差，产

---

① 胡高伟. 中国煤炭要事录［M］. 北京：煤炭工业出版社，2019，第 188 页.
② 《中国经济发展史》编写组. 中国经济发展史（1949—2010）［M］. 上海：上海财经大学出版社，2014，第 488 页.

值、销售、利税等均处于低下水平。①

解放后的亳州百废待兴。1949年10月1日，中华人民共和国成立，全国各地的政府组织体系陆续建立健全，亳州地区的政府机构也随之增加，经济发展有了更为坚强的领导核心。同其他行业一样，经济的复苏为亳州地区电力工业的重新起步提供了重要前提，电力工业的发展迎来了崭新的篇章。

1949年初，亳县刚刚解放不久，亳县工商行政管理局便召集亳县工商界知名人士和医药界代表，商讨为亳县国计民生出力献策。药界代表孙杰堂提出在亳县兴建电灯公司的倡议，得到了各业代表的响应和支持。随后决定由曾元初、周剑峰、孙杰堂3人负责筹集资金，并由郑仲英、申勋臣到上海购置发电设备。当时共筹集资金3000多万元（人民币旧币），购置了20匹马力汽车引擎和15千瓦发电机各一台，安装在打铜巷，成立了亳县华明电灯有限公司，并成功于当年6月运行发电，全年发电10000千瓦时。

亳县华明电灯有限公司的成立意义重大。从1925年亳县荣记电灯公司被毁、1938年涡阳涡光电灯厂因日寇侵略倒闭，到1949年华明电灯有限公司成立，亳州人民又与电绝缘多年。华明电灯有限公司的成立标志着亳州人民重新拥有了自己的电力事业，亳州电力事业再次起步。虽然发展的道路上困难重重，但是在党和政府的大力支持下，在和平稳定的环境下，亳州电力事业的前程一片光明。

亳县华明电灯有限公司虽属私营电灯公司，但却是由民族资本参与投资兴办的。公司的主要技术人员和操作工人（共4人），也均是亳县本地人，这说明亳县拥有了自己的电力人才。从资金到人员构成都可以看出，华明电灯有限公司属于地道的本地企业，这在亳州电力的发展史上具有划时代意义。

进入国民经济恢复时期，亳县商业逐渐活跃，城市经济随之日益繁荣，原有的发电能力已经满足不了当时的生产生活需要。1951年，华明电灯股份有限公司将原设备卖掉，新购置了24匹马力的柴油发电机组一台，又借县粮食局木炭炉子，扩大了发电能力，以维持当时的供电需求。虽然发电量有所提升，但与当时的生产生活用电需求仍然存在很大差距，仅能在晚上6时到12时开机供应照明用电，每日发电77千瓦时。

到了1952年，为了进一步扩大发电规模，亳县工商业联合会又动员245户

---

① 亳州市政协文史委员会. 亳州文史资料（第8辑）工交篇［Z］. 亳州市政协文史委员会，1997，第1页.

商户集资 42 万元（人民币旧币），利用华明电灯有限公司的设备，在和平东路西头南侧（今糖业烟酒公司院内）新建厂房。这就是后来的建业电灯公司。①

第二节 "一五"期间亳州电力的发展

经过三年经济恢复期，国内经济状况得到了好转，工业生产水平也达到了历史新高。但是与西方发达国家相比，工业发展水平仍然落后。从 1953 年到 1957 年，我国开始施行第一个五年计划，简称"一五"计划，它的基本任务是：集中主要力量进行以苏联帮助我国设计的 156 个建设项目为中心、由 694 个大中型建设项目组成的工业建设，建立国家工业化和国防现代化的初步基础；有步骤地促进农业、手工业的合作化；继续进行对资本主义工商业的改造；保证国民经济中社会主义成分的比重稳步增长。这成为我国工业化的起点。②

一、"一五"期间全国电力事业的蓬勃发展

"一五"计划期间苏联援建的 156 个项目中，有 20 余项与电力工业密切相关，我国对电力工业（包括电站、输电线路和变电所等项目）的发展制定了详细目标和规划。在电力方针政策上，我国决定以火力发电为主，同时积极开展地质勘测，利用丰富的自然资源大力开展水电建设，此外积极研究开发地热能等新的电能源。根据"一五"计划指标的规定，1957 年我国的发电量应达到 159 亿千瓦时，5 年内新增发电容量 205 万千瓦。为完成这一指标，有关部门在电力建设方面做了相应的安排：5 年内，电力工业限额以上的建设单位共 107 个，其中电

---

① 政协亳县委员会文史资料研究委员会. 亳县文史资料（第 4 辑）[Z]. 政协安徽省亳州市委员会文史资料研究委员会，1990，第 89—90 页.

② 孔繁轲. 中国共产党道路创新史 [M]. 济南：山东人民出版社，2015，第 140 页.

站 92 个（含火电站 76 个、水电站 16 个）；设计发电容量 376 万千瓦，加上限额以下的建设工程，全部设计发电容量为 406 万千瓦；建成投产电厂 54 个，发电容量 174 万千瓦，加上限额以下的工程，共增发电容量 205 万千瓦；输电工程和相应的变电工程 15 个。[①]

经过第一个五年计划的努力，我国电力事业面貌焕然一新，取得了令世人瞩目的成绩，主要体现在以下几方面：

第一，火力发电技术得到了大幅提升，从苏联、捷克斯洛伐克等国引进了先进的火力发电设备，在东北地区和西安、武汉、太原等大城市兴建了一大批火力发电厂，掀起了电力工业建设高潮。1955 年第一台我国自行制造的 6000 千瓦发电机组诞生，1956 年在淮南田家庵电厂投产，这标志着我国自行制造和安装发电设备的开始。

第二，水力发电得到了有效利用。"一五"期间，利用我国丰富的水利资源，安徽、西藏、四川、吉林等地，陆续兴建了一批水力发电厂。以安徽为例，1954 年安徽有史以来第一座水电站——佛子岭水电站建成。随后相继建成了梅山、响洪甸、磨子潭、毛尖山等中型水电站。[②]

第三，电网建设得到了巨大发展。随着发电厂大规模建设和电力装备技术水平不断提高，国内各地区的电网建设也逐步完善，并且大多是高压电路。1954 年，东北地区建成了我国第一条 220 千伏线路。1956 年，为配合佛子岭水电站投产，安徽建成佛子岭经六安至合肥的 110 千伏线路。

第四，培养了大批电力人才。科学技术是第一生产力，而掌握科学技术的关键是人才。从中国电力工业诞生之日起，人才和技术一直是制约电力事业发展的瓶颈。"一五"计划超额完成，不仅给新中国的电力工业奠定了基础，而且培养出了一大批有热情、懂技术、能吃苦的电力建设人才。至 1957 年，电力工业基本建设队伍有 11 万人，其中工程技术人员 9000 多人；电力工业生产队伍有 4 万多人，其中工程技术人员 8600 人。这支初步建立起来的队伍，是之后推动我国电力工业蓬勃发展的中坚力量。[③]

---

① 《中国经济发展史》编写组.中国经济发展史（1949－2010）[Z].上海：上海财经大学出版社，2014，第 491 页。

② 金崇尧.霍山大辞典[M].合肥：安徽教育出版社，2010，第 303 页.

③ 《中国经济发展史》编写组.中国经济发展史（1949－2010）[Z].上海：上海财经大学出版社，2014，第 494 页.

"一五"计划使得我国电力工业得到了快速发展,超额完成了前期制定的计划和目标。截至 1957 年年底,全国电力装机总容量达到 463 万千瓦,当年总发电量 193 亿千瓦时。其中,火电装机总容量 361 万千瓦,发电量 145 亿千瓦时;水电装机总容量 102 万千瓦,发电量 48 亿千瓦时。[①] 1949 年我国发电总量仅居世界第 25 位,到"一五"计划结束时已经升至第 13 位。

二、亳县电力的建设与公私合营改造

"一五"计划主要任务有两点:一是集中力量进行工业化建设,二是加快推进各经济领域的社会主义改造。在全国如火如荼开展工业建设的背景下,亳县人民在党和政府的领导下,自力更生,勇于探索,结合亳县的实际情况,大力发展电力工业。

随着经济的复苏、发展,华明电灯有限公司的电力供应已经无法继续满足当时工商业发展的需要和人民生活的需求。1953 年,在华明电灯有限公司的基础上,由亳县工商业联合会出面,再次动员社会各界和广大市民 245 户,共筹集资金 42 万元(人民币旧币),添置了 60 匹马力煤气机和 45 千瓦发电机组一套,在东方红马路新建电厂。原设在打铜巷的 24 匹马力柴油发电机组也归新建电厂统一调度和管理,自此正式改华明电灯有限公司为亳县建业电灯公司。建业电灯公司发电设备能力已经提升至 60 千瓦,操作技工已发展到 9 名,年度发电量为2.6 万千瓦时,供电范围扩大到北关十几条街。

建业电灯公司的组建说明当时经济发展呈现良好态势,也反映了人民群众对发展电力、提升生活水平的迫切需求。不同于"荣记"和"华明"两家电力企业,亳县建业电灯公司虽然仍属私营企业,但是它的诞生离不开人民群众的支持和参与。亳县人民群众以主人翁的姿态积极参与到各项事业的建设中去,奋力推动各项事业实现新突破。

大力发展工业,完成对工业(包括电力工业)的社会主义改造,是实现社会主义生产关系的重要前提。早在 1952 年 9 月,毛泽东就曾提出:"我们现在就要

---

① 包叙定.中国电机工业发展史——百年回顾与展望(教材版)[M].北京:机械工业出版社,2013,第 47 页.

开始用 10～15 年的时间基本上完成到社会主义的过渡，而不是 10 年或者以后才开始过渡。"这是酝酿过渡时期总路线的开始，即毛泽东第一次谈向社会主义过渡问题。此后，刘少奇、周恩来等较详细地论述了"从现在逐步过渡到社会主义"的指导思想和大致设想。1953 年 6 月，毛泽东在中央政治局的会议上，把实现国家的工业化，实现国家对农业、手工业和对资本主义工商业的社会主义改造作为党在过渡时期的总路线和总任务提出来，并逐渐形成完整的表述。[①]

在全国掀起社会主义改造浪潮的背景下，亳州电力工业的社会主义改造也如火如荼地展开。根据国家需要企业改造的可能性和资本家自愿原则，1953 年 11 月 28 日，公方代表尚文化、私方代表李祥吾签订了亳县建业电灯公司公私合营合同。1953 年 12 月 21 日，亳县建业电灯公司正式命名为公私合营亳县建业电厂。

1955 年时，公私合营亳县建业电厂拥有固定资产 54058 元，其中公股（即国家投资）7582 元，私股（即资方投资）46476 元；拥有发电设备 60 匹马力煤气机和 24 匹马力柴油机各 1 台，45 千瓦、15 千瓦发电机组各 1 台；在全城设电杆百余根，总发电能力 60 千瓦，年发电量为 5.6 万千瓦时；技工共 15 名。该厂在当时初步保证了机关及主要街道的照明用电。

公私合营后，在党和人民政府的关怀下，亳县对公私合营亳县建业电厂进行了扩建。1957 年第二季度，阜阳地区行政公署批准调拨 115 匹马力的柴油机 1 台；县财政拿出 49700 元购置 75 千瓦发电设备 1 套。1958 年 2 月，设备正式投产运行。至此，其供电范围由原北关十几条街道的商业网点和文化娱乐场所扩大到几个主要工厂及市政机关。1958 年底，电厂年发电量达 18.91 万千瓦时，为亳州工业发展提供了动力源泉。

三、蒙城、涡阳等地电力工业的建设与发展

与亳县相比，蒙城、涡阳等地的电力事业起步较晚，但是在新中国成立之后，两地的电力事业都取得了令人惊喜的成就。

---

① 崔义中，华艳君. 毛泽东思想和中国特色社会主义理论体系概论［M］. 西安：西北工业大学出版社，2010，第 60 页.

解放初期，蒙城县经济萧条，发展缓慢，百姓生活十分穷困，电力工业更是一片空白。为了进一步发展生产力、促进经济发展、提高生活水平，蒙城人民在党和政府的带领下，开始筹办电力工业。1954年，县油厂首次使用一台4.5千瓦发电机发电，用于工厂的生产照明。

经上级部门批准，1956年12月26日，阜阳地区行政公署行文批复：准予蒙城电厂兴建。1957年初，蒙城电厂开始建设；6月1日，蒙城电厂厂房破土动工；7月中旬，厂房竣工；10月，电厂运行发电。当时的发电设备是50千瓦柴油机组，供电范围仅限于县城5条街道的部分机关、学校、商店、街道居民的生活用电，每晚5～6时发电，至深夜12点停发，日供电量200～250千瓦时，年供电量为8万千瓦时左右。① 蒙城电厂的建立，结束了蒙城县数年来无电的历史。到了1958年，蒙城各公社相继利用小型柴油机发电，这标志着蒙城地区农村用电的开始。

1956年底，涡阳县政府生产指挥部向阜阳地区行政公署申报涡阳建设电厂。1957年初，涡阳电厂兴建（在原石狮子街），占地1.83亩，安装一台80匹马力柴油发电机。7月1日，电厂开始发电，供城内照明和生产用电。厂长郑春堂，副厂长丁道理，电厂隶属县水利科，厂内编制有7人，其中干部3人、工人4人。1957年，涡阳电厂全年发电量1.84万千瓦时，供电量1.56万千瓦时。此外，涡阳县张村镇建7.5千瓦电厂1家，义门镇建15千瓦电厂1家，直至1960年才停产。②

经过3年经济恢复时期和第一个五年计划时期的建设，亳州地区经济增长迅速。以商业为例，1957年，亳州地区商品销售额达到2988.9万元（其中批发销售额1719.2万元，零售额1269.7万元），比1952年增长8.8倍，比1949年增长99.8倍。③ 经济的繁荣为电力工业的发展提供了前提和保障，同样电力工业的建设也成为经济发展的重要推动力量。

整体来说，这一时期亳州地区电力工业发展经历了这样两个阶段：

1949—1952年是亳州地区电力工业的恢复重建时期。这一阶段，重建电力

---

① 政协蒙城县文史资料研究委员会. 文史资料（第11辑）漆园古今［Z］. 政协蒙城县文史资料研究委员会，1996，第33页.

② 涡阳县水利局. 涡阳县水利志（1949—1981）［Z］. 涡阳县水利局，1983，第115页.

③ 政协亳县委员会文史资料研究委员会. 亳县文史资料（第6辑）［Z］. 政协安徽省亳州市委员会文史资料研究委员会，1990，第63页.

企业主要是通过修复原有设备和增加发电设备，以提高发电能力，但是电厂和机组规模较小。

1953—1957 年是亳州地区电力工业的起步发展时期。根据国家"一五"计划总方针和发展电力工业相关政策，全国上下重点开展电力项目建设，为工业、农业和交通运输业的发展提供了电力保障。与此同时，由于经济的快速发展，亳州和全国其他大部分地区一样出现了严重的用电缺口，电力供应不足。

第三章
曲折前行

亳州电力事业曲折探索

1958 年到 1978 年，我国社会主义发展进入了一段特殊的历史时期，电力事业也在曲折中发展。"一五"期间，在党和政府领导下，亳县、蒙城、涡阳等地的电力工业得到了不同程度的发展，各地均建立了电厂，装配了电力设备，并进行了电力工业的社会主义改造。根据中央电力工业部署，安徽电力高举"水火电并举，因地制宜"的发展方针，电力投资达到 5.88 亿元，重点兴建中型电厂（站）及 110 千伏输变电工程，并着手大型矿口电源基地建设的前期工作。1958 年 7 月，安徽省水利电力厅组建成立，① 对安徽电力工业发展起到了推动作用。从"二五"开始，亳州各地的电力事业得以持续发展，在发电、输电、变电、配电、用电等领域都取得了进步。

第一节 亳县电厂的建立与发展

一、亳县电厂的建立

经过"一五"期间的迅速发展，到 1958 年底，亳县全县各厂的用电设备装机容量达到了 582 千瓦。虽较新中国成立初期发电量已大幅提升，但是随着市政建设和人民生活用电的日益增加，原有的发电设备能力已经不能满足需要，供需矛盾日益突出。1958 年 1 月，亳县人民委员会编制了《亳县扩建建业电厂计划任务书》，对亳县电力工业的发展做出了规划。

---

① 关守仲，陈祥明. 阳光电力 [M]. 合肥：合肥工业大学出版社，2007，第 10 页.

20 世纪 60 年代在城北安装的烟叶站变压器

1958 年 4 月 3 日，安徽省工业厅转省人民委员会《对亳县电厂扩建计划任务书的批复》，同意将安徽省工业厅存有的 750 千瓦汽轮发电机组一套调拨亳县电厂参与扩建；基建投资由省县两级解决，安徽省投资 30 万元。正当积极筹建 750 千瓦发电机组时，安徽省工业厅电业管理局 1958 年 5 月 15 日通知亳县：亳县电厂经省工业厅同意和计划委员会批准，扩建改 1500 千瓦汽轮发电机组，750 千瓦汽轮发电机组调往别地。自此，公私合营亳县建业电厂的名字被亳县电厂所代替，亳县电厂的筹建工作随即展开。

在电厂的选址上，亳县根据 1958 年 5 月安徽省工业厅电业管理局文件指示精神，经亳县人民委员会批准及实地勘察，决定将电厂建在亳县化肥厂的上游、县人民大桥的东北首，即在涡河北岸与汤王墓相望的一片旷野上，总占地面积为 9 亩。电厂的工程地质勘测任务由安徽省工业厅勘测设计院勘测队承担，负责厂址工程地质勘测、钻探、土工试验等任务；土建工程由阜阳地区建筑工程公司承担。

在电厂的设备安装上，由于亳县技术力量不足，经安徽省工业厅电业管理局同意，新建 1500 千瓦汽轮发电机组的整套设计与安装工作均委托阜阳地区电厂承担，于 1958 年 8 月 28 日开工。1959 年 3 月，亳县电厂 1500 千瓦汽轮发电机组正式投产运行。同年,公私合营亳县建业电厂正式关闭运营。①

根据安徽省工业厅电字〔58〕号第046号文转发水利电力部〔58〕水电技程字第037号文《关于明确地方电厂技术指导关系的通知》精神,当时亳县电厂技术指导关系划归上海电业局负责,行政事务归属县工业局领导,呈现出双重管理的局面。直到1966年11月29日,根据中央批转财贸办公室关于"公私合营企业改为国营企业,资本家的定息一律取消"的指示精神,亳县电厂才正式改为地方国营亳县电厂。

亳县1500千瓦发电机组的建成投产是"二五"期间亳县电力工业最为重大的事情,它是亳县电力工业史上新的一页,对缓和亳县电力不足、满足工业生产用电、促进城市经济繁荣起到了不可估量的作用,为进一步发展亳县工业奠定了物质基础。②

1978年,部分亳县供电站员工合影

① 政协亳县委员会文史资料研究委员会. 亳县文史资料(第4辑)[Z]. 政协亳县委员会文史资料研究委员会,1990,第92页.
② 亳州市政协文史委员会. 亳州文史资料(第8辑)工交篇[Z]. 亳州市政协文史委员会,1997,第91—92页.

二、亳县电厂的发展

（一）向河南省鹿邑架设输电线路

早在民国初年，亳县与河南省鹿邑县之间便已经有了电力联系，当时两地间架有输电线路，由荣记电灯公司送电。但是孙殿英祸亳之后，亳县的电力设备和内外输电线路都遭到损毁。1950年6月，华明电灯有限公司采用10～20号单股铜质旧军用电话线，在北关部分街道及主要机关重新架设了输电线路。1959年，亳县电厂投产后，开始向乡村供电，沿干线公路架设了单股铁质线路。

20世纪70年代建设的亳县电网

自 1959 年 3 月亳县 1500 千瓦汽轮发电机组投运后，亳县工业基础当时处在比较薄弱的时期，工业发展速度远远落后于设备的发电能力，致使发电设备处于欠载运行状态。据统计，当时的用电量仅占发电能力的 30% 左右，因而造成发电成本高和亏损现象。为扭转企业亏损，1964 年 5 月 1 日，安徽省计划委员会和安徽省财政厅根据亳县人民委员会的要求，同意向河南省鹿邑县送电 500 千瓦。1964 年 1 月 1 日，亳县至鹿邑县输电线工程施工办公室成立；同年 5 月，阜阳地区行政公署向亳县人民委员会下达了《同意架设亳县至河南省鹿邑县输电线路的通知》。1965 年 1 月，亳县至鹿邑县 35 千伏输电工程正式开工。

亳县至鹿邑 35 千伏输电工程全长 27.687 千米，总投资 30 万元。其中输电工程投资 26.75 万元，变电设备 3.25 万元。亳鹿双方各负担 15 万元。1964 年实际拨款 23 万元，其中亳县支付 12 万元，鹿邑县支付 11 万元。

亳县与鹿邑县之间的输电线路建设实现了两者双赢，亳县电力工业每年可增收 8 万元，鹿邑县也享受了亳县电力工业发展所带来的便利，还促进了友邻县之间的睦邻关系。

1967 年，阜阳地区革命委员会规定将亳县供电纳入淮北电网供电的范畴。为了进一步扩大输电规模，1968 年 11 月 10 日，亳县与河南省鹿邑县、郸城县三县共同协商，向江苏省徐州电管局提出将濉溪至涡阳的 110 千伏输变电工程延伸到亳县。这一规划得到了徐州电管局、华东电管局的大力支持和协助。1969 年，国家水电部批准将濉溪至涡阳 110 千伏输变电工程延伸到亳县的方案。工程全部投资由国家拨款。同年，亳县境内先后建成了亳吴（小阁）、亳沙（土）等 10 千伏线路，总长 48 千米，总投资 28.86 万元。经过几年时间的筹备和紧张施工，1971 年，110 千伏输电线路建成，濉—涡—亳 110 千伏输变电工程正式投入运行。1974 年 1 月正式并网。亳县供电管理站成为淮北供电局的趸售用户。此后，全县陆续架设了多条高低压输变电线路。[①]

（二）亳县电厂发电机组的扩建

1965 年初，由于亳县化肥厂计划投入使用，亳县电厂、亳县经济计划委员会分别向安徽省电业管理局、安徽省计委提出："由于亳县重新上马扩建亳县化肥厂，该厂需用电 1400 千瓦。亳县电厂的 1500 千瓦发电能力的机组，除供河南鹿邑 500 千瓦外，尚有 1000 千瓦的负荷供本县用电。1965 年，我县工业及民

---

① 亳州市地方志编纂委员会．亳州市志［M］．合肥：黄山书社，1996，第 173 页．

用电已达 500 千瓦以上，因此，只有 500 千瓦左右的富余电量。要保证化肥厂扩建后的用电，必须新增一台 1500 千瓦发电设备。"

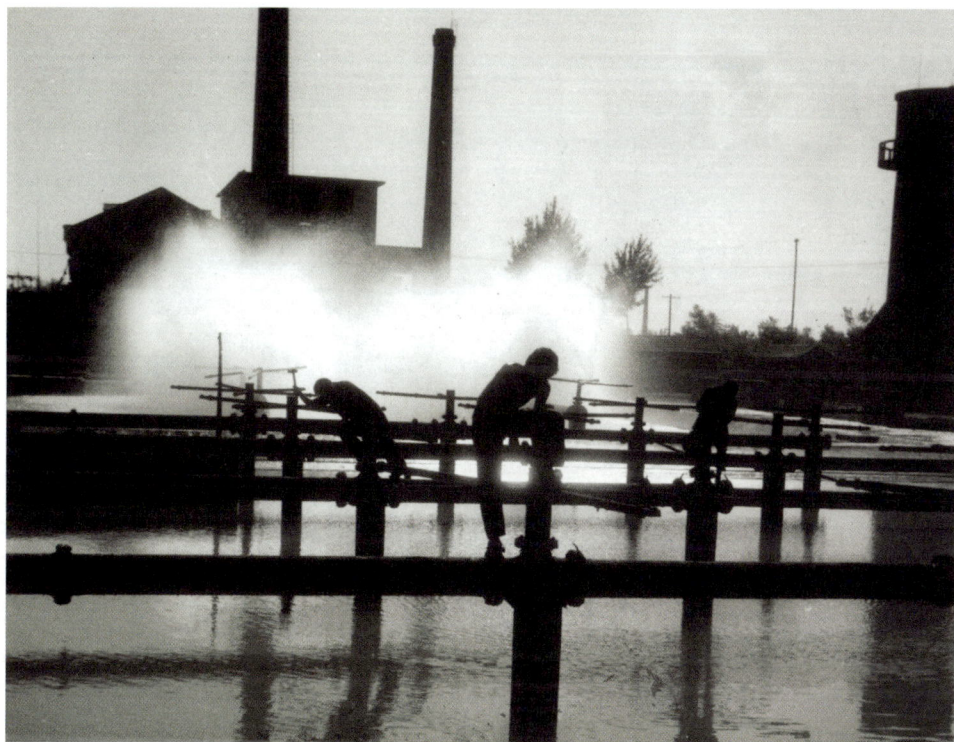

20 世纪 60 年代的亳县电厂

1965 年，安徽省计委同意将阜阳电厂的一套捷克斯洛伐克制 1500 千瓦发电设备及当年国家计划投资的 19 万元转给亳县使用。1966 年 2 月，安徽省电业管理局根据安徽省计委相关文件精神下达了《亳县电厂捷制 1500 千瓦机组设计任务书》。同年 3 月，安徽省电业管理局下达了《关于亳县电厂扩建 1500 千瓦机组扩初设计的审批意见》。

关于发电机组扩建的资金来源，1966 年 4 月，安徽省计委、安徽省财政厅给阜阳地区行政公署计委、财政局下达了批复意见，除 1965 年国家预算计划 19 万元外，尚需追加投资的 25.6 万元经研究决定并报省委同意：先从 1966 年省预备金中安排 10 万元，再由阜阳地区行政公署从财政上年结余中安排 10 万元，最后由亳县动用财政上年结存 5.6 万元给予解决。

在发电机组设计与安装环节上，土建部分由安徽省建设厅建筑设计院承建；

设备的设计均由亳县电厂配备技术力量与设计院合作完成。由于施工时间紧迫，整套设备都是边设计边安装。设备安装时，除主要技术骨干聘请了阜阳电厂、淮南电厂（焊工）人员来厂指导外，均由亳县电厂自己的力量承担。

1975 年的亳县机械厂

亳县电厂的扩建工程于 1966 年 10 月破土动工。该年底，根据中央指示，亳县电厂取消资方定息，转为地方国营企业。1967 年 2 月，亳县电厂的设备安装完毕并正式投入运行，年总发电能力提高到 1000 万千瓦时，当年实际发电 8091 万千瓦时，耗煤率 0.81 千克/千瓦时，线路损失率为 9.73％，全县电力供需矛盾得以缓解。①

至此，亳县电厂发展成为发电能力为 3000 千瓦的小型地方发电厂，发电量得到了巨大提升，为进一步发展亳县工业、繁荣城乡经济、丰富人民文化生活奠定了基础。一直到 1981 年 1 月，亳县人民政府下达了《原亳县电厂停产决定》，亳县电厂才结束发电生涯。

---

① 政协亳县委员会文史资料研究委员会．亳县文史资料（第 4 辑）[Z]．政协安徽省亳州市委员会文史资料研究委员会，1990，第 93－95 页．

第二节　蒙城、涡阳、利辛三县电力工业的发展

一、蒙城电力事业发展情况

1957 年蒙城电厂建立之后，蒙城电力工业一直在不断发展。1958 年后，各公社建立了小型柴油机自备发电厂。1969 年 4 月，蒙城县革命委员会决定成立蒙城县办电组。

（一）涡北发电厂筹建

1960 年 7 月，蒙城在涡河节制闸西北 500 米处动工兴建汽轮机组发电厂 1 座。1961 年 8 月，解放街南电厂增设 GM80 匹柴油机，直联 50 千瓦发电机 1 台，安装低压配电盘 1 块、变压器 5 台，架设低压线路 5 千米。1962 年 8 月，涡北发电厂竣工，建成 2 层主厂房、30 米高烟囱、50 米循环水道、9800 平方米水塘、50 立方米水池，安装 750 千瓦凝汽式汽轮机、6.5 吨锅炉、750 千瓦凸极式发电机等各 1 台及配电设备、水处理设备、吊煤设备等。与此同时，该厂架设了连接县城的 63 千伏高压线路，并凿了农业排灌线路 15 余千米，增设配电变压器 10 余台。1966 年 12 月 8 日，该厂投运发电。同月，涡南电厂停产。750 千瓦汽轮机发电机组发电时，24 小时供电，供电负荷 100～400 千瓦，年均发电量 200 万～300 万千瓦时，设备利用率 30％左右。1978 年涡北发电厂又从安庆购得 1500 千瓦汽轮机组 1 套用以扩建。截至 1980 年 4 月涡北发电厂停产，累计发电量为 2433.7 万千瓦时。

（二）供电设施建设

1970 年 4 月，为引用淮北电，蒙城在许疃镇建成了 35 千伏变电所，主变压器 2 台，设备容量 3200 千伏安。随后，又在城关镇、楚村、岳坊镇、郭集村等

地先后建成变电所。在线路架设上，1969年4月，架通了淮北牛王至许疃35千伏线路，使用淮北电。1970年4月，35千伏许疃输变电工程架设、安装结束，5月份正式投入运行，标志着蒙城县第一次引用电网电力。从1920年至1978年，蒙城相继建成投运了二里吴、楚村、郭集、双涧、岳坊等35千伏变电所。

1971年5月，蒙城县供电管理所正式成立，同时成立中共蒙城县供电管理所党支部，隶属县水电局党总支领导。[①]

二、涡阳电力事业发展情况

1958年，涡阳电厂扩建1台120匹马力柴油发电机组，供电线路长6.4千米。电厂隶属县政府工业科。1959年1月，涡阳电厂与水利局合并，成立水电局，涡阳电厂隶属水电局。[②]

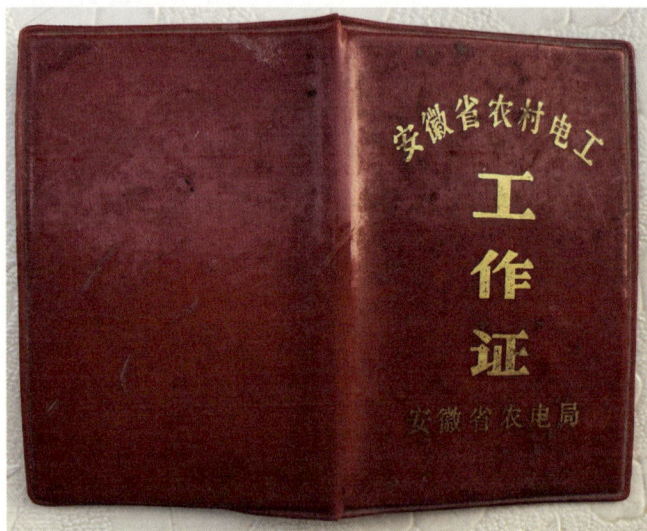

安徽省农村电工工作证

（一）西关电厂的筹建

1960年3月，为筹建西关电厂，涡阳投资210万元，安装了2台上海电机厂

---

① 蒙城县地方志编纂委员．蒙城县志［M］．合肥：黄山书社，1994，第155—157页．
② 涡阳县水利局．涡阳县水利志（1949—1981）［Z］．涡阳县水利局，1983，第116页．

产的 375 匹马力蒸汽机、2 台 265 千瓦发电机。1962 年 12 月，西关电厂正式投入运行，年供电量 8.8 万千瓦时。1963 年西关电厂进行了线路改造，供电量达到 73.1 万千瓦时。1964 年电厂成立供电工区，实行专人负责制。1967 年电厂架设城内至油厂线路 2 千米。1968 年 8 月，涡阳县革委会成立办电组，负责涡阳的电力生产建设工作。

（二）输电线路建设

1969 年，涡阳建成了几条重要的输电线路，包括涡阳至淮北 110 千伏高压输电线路、涡阳至利辛 35 千伏线路、涡阳至蒙城 35 千伏线路、涡阳至亳县 35 千伏线路及涡阳至城关 10 千伏 109 线路。

1970 年，涡阳至陆阳 10 千伏 103 线路（涡阳—高炉）建成，全长 59 千米，10 月 1 日投入运行；涡阳至丰集 10 千伏 108 线路（涡阳—楚店—双庙）建成，全长 98 千米，10 月 1 日投入运行。同年 10 月，涡阳正式成立涡阳供电所，职工 30 人。

1971 年，县供电纳入电网供电，由淮北供电局按每千瓦时 0.038 元趸售给涡阳县。农业用电每千瓦时 0.06 元。11 月 23 日县办电组与供电所合并，称涡阳供电所，隶属于涡阳水电局。

1972 年 6 月，涡阳至花沟 10 千伏线路建成，全长 42.7 千米，9 月运行。1972 年征郝庄地 14.5 亩，1973 年征东关生产队地 6 亩，盖 2 栋职工宿舍、1 栋办公房（39 间，750 平方米）。

1973 年，涡阳至化肥厂 10 千伏线路建成，全长 3.4 千米。

1973 年，征地 5.4 亩筹建邓楼变电所，建成办公区 157.5 平方米、生产区 1402.5 平方米、宿舍区 186.25 平方米。当年 11 月，涡阳至邓楼 35 千伏输电线路施工，1974 年竣工，全长 20.2 千米。

1974 年，省电力局、电力设计院规划淮北—涡阳—阜阳 220 千伏输变电工程，方案全长 150 千米，在涡阳县境内线路 46.5 千米。

1976 年，为解决淮北电网供电紧张问题，安徽省投资 16 万元，涡阳县投资 4 万元，对西关电厂进行改造与维护，9 月重新投产。淮北供电形势缓解后，1980 年 4 月，电厂停产，结束涡阳县的发电历史。

1977 年 4 月，筹建王窑变电所，占地 8.2 亩，建成办公区 131.25 平方米、生产区 828.15 平方米、宿舍区 227.5 平方米，1982 年 1 月运行。涡阳至王窑 35 千伏线路建设，全长 27.5 千米，1978 年 12 月建成运行。

三、利辛电力事业发展情况

利辛 1965 年 5 月 1 日才建县，因此利辛的电力发展在几个县区中较迟。为了解决建县后县城的照明问题，利辛开始筹建火力发电厂。1961 年经阜阳地区行政公署批准，利辛从阜阳电厂调进 1 台捷克斯洛伐克产 90 匹马力 56 千瓦柴油发电机组，并于当年投入运行，当年发电 1.2 万千瓦时。这是利辛电力工业的开端。

随着工商业发展和居民用电需求提升，1966 年 10 月，经阜阳地区工业局批准，利辛从颍上县调进 1 台上海产 4135 型 80 匹马力柴油机和英国产 60 千瓦发电机组。1967 年初，2 台机组同时运行。1968 年，利辛电厂搬迁，迁至向阳路东端，并新换机组安装投产，原电厂所余 1 组设备亦迁到新厂配合发电。1969年 4 月，经省电力局批准，电厂从岳西毛尖山电站调入 1 台 4270 型 200 匹马力柴油机，并搭配 135 千瓦柴油发电机组，9 月运行发电。从 1965 年到 1972 年，利辛电厂累计发电 125.74 万千瓦时。照明用电每千瓦时 0.55 元，工业用电每千瓦时 0.40 元。

20 世纪 70 年代，亳县广播站播音室为小学生录制节目

20 世纪 60 年代，亳县电影队培训农民放映员

　　1972 年 1 月，淮北电网开始向利辛县境正常供电，利辛电厂停产。淮北供电局对利辛实行定量供电，分配电力负荷 200 千瓦。由于当时县城仅有 7 个工业单位，除避开早晚峰外，实行昼夜供电，供需相宜。1972 年供电线路延伸，供电负荷增加到 400 千瓦。1977 年增加到 2700 千瓦，供需状况仍然紧张，要求工业生产用电尽量避开负荷高峰。若超负荷，即由涡阳 110 千伏变电所电话通知利辛供电所执行拉闸限电。限电期间重点保证化肥厂和柳西大队用电。1978 年起，利辛实行计划用电，推行凭证定量和降低线损的措施，定电力、定电量、定单耗、定用电时间，把电力分配纳入计划轨道。同时停运农村无动力负荷变压器，减少空载损耗，禁止使用高损耗电器设备。[①] 用电紧张、用电难问题是这一段时期利辛电力工业面临的困局，电力问题也成为经济发展的瓶颈，亟待解决。

---

　　① 利辛县地方志编纂委员会．利辛县志［M］．合肥：黄山书社，1995，第 161－162 页．

第三节　亳州农村地区电力工业的诞生

　　1959 年，亳县电厂投产后，沿干线公路架设了单股铁质线路，开始向乡村供电，但是真正通电的农村家庭并不多。亳州地区农村用电的历史可以从 20 世纪 60 年代末开始算起。

　　1969 年，亳县开始建设农业用电设施，主要用于井灌，在农村划定了多个井灌区。1970 年，亳县扩大了城北、减店井灌区，新辟余集、赵槽井灌区，架设了 47.4 千米 10 千伏井灌线路、14 千米非井灌输变线路。1972 年，亳县以每千瓦时 0.035 元的价格向农村供电。当年约用电 1200 万千瓦时，其中排灌约用电 800 万千瓦时，副业加工约用电 70 万千瓦时，其他用电及线损约 330 万千瓦

20 世纪 60 年代，邢阁公社黄庄大队使用电力机井灌溉

亳县广播站工作人员在调试机器

时。全县 20 个公社 314 个大队中有 10 个公社 66 个大队通电。1975 年，亳县在主要集镇设立供电所。1977 年，农业用电共计 951 万千瓦时，电力排灌面积增加到 16.42 万亩。全县 20 个公社 1822 个生产队通电。1978 年后，电力供应日趋紧张，农村电力一直难以正常供应，农忙季节甚至需要压缩市区用电以确保农用电的正常供应。

蒙城地区自蒙城电厂建立后，1958 年，板桥、坛城、双涧、楚村、乐土、三义等集镇也相继建立 10～35 千瓦小型柴油机自备发电厂。1962 年 8 月，涡北发电厂竣工后，安装了 750 千瓦凝汽式汽轮机、6.5 吨锅炉、750 千瓦凸极式发电机各 1 台及配电设备、水处理设备、吊煤设备等；架设连接县城 6.3 千伏高压线路，其中农业排灌线路 15 余千米，增设配电变压器 10 余台。

随着亳州地区电网建设的突飞猛进，煤油灯照明的时代画上了句号，各家各户都在门口装了电灯。夜晚不再漆黑，乡亲们串门的次数多起来了，日光灯、收音机等也陆续进入普通人家。电力不仅照亮了夜晚，更点亮了人们期盼已久的"光明梦"。

影印50份

最高指示

第 1 页

鼓足干劲，力争上游，多快好省地建设社会主义。

独立自主，自力更生。

备战、备荒、为人民。

农业的根本出路在于机械化。

要认真总结经验。

※　※　※　※　※　※　※

亳县革命委员会生产指挥组三化办公室

一九六九年农电建设工作总结

在伟大领袖毛主席"备战、备荒、为人民"的伟大战略方针指引下，社会主义革命和社会主义建设迅猛发展，出现了工农业生产的新高潮，形势一片大好。中央水电部六九年正式批准了淮佳、涡、亳十一万输电线路的兴建，并纳入"淮北电网"，喜讯传到亳

1969 年亳县农业用电建设总结

第四章
蒸蒸日上

改革开放后亳州的电力大发展

春雷滚滚，响彻神州。1978 年党的十一届三中全会作出把工作中心转移到经济建设上来、实行改革开放的历史性决策。沐浴在改革开放的光辉下，亳州电力大步追赶时代潮流，展现出旺盛生命力，呈现出蒸蒸日上的新气象。

第一节　改革开放初期的亳州电力新局面

一、"八字方针"背景下国家电力政策的调整

　　改革开放前，受资金、设备、技术等制约，我国电力事业发展仍面临着诸多困难，全国范围内电力短缺的情况依然存在。改革开放后，随着国家将工作中心转移到经济建设上来，用电需求激增，电力供需矛盾十分突出。

　　1979 年，国务院成立电力工业部（1979—1982 年）。根据中央经济部署，电力工业部将"调整、改革、整顿、提高"作为电力工业指导方针，在电力领域开展大规模的恢复和建设工作：恢复电网的频率和电压，努力改善缺电局面；恢复水电站合理的运行水位，提高水电站调度出力；狠抓电网、电厂内部的配套，恢复发电设备（恢复约 400 万千瓦）；整顿电力安全生产秩序，建立（或恢复）和健全各项必要的规章制度等。[①] "八字方针"要求企业以生产为中心，以管理为重点，以提高经济效益为目的，使整个经济工作真正转变到为满足人民物质和文

---

　　① 《中国经济发展史》编写组．中国经济发展史（1949—2010）[M]．上海：上海财经大学出版社，2014，第 505 页．

1989 年，人民大桥（大洋桥）竣工通车

化生活需要的轨道上来。①

20 世纪 80 年代初期，为了提高电力生产技术、改善电力设备，中央作出引进西方先进发电设备和制造技术的决策。1980 年，国务院引进制造技术（电力工业部负责引进电厂设计）；1981 年，电力工业部从美国依柏斯库工程公司引进了电站设计技术。至此，我国开始引进大型发电机组先进技术，走上消化、吸收的发电设备国产化之路，发电厂运行安全经济性能得以显著提高。② 也就是从这时候开始，中国开始掌握了先进的发电机制造技术。

在革新电力生产技术的同时，针对电力建设资金不足的情况，国家改革了电力投融资体制，相继实施多项投融资政策，以拓展资金来源。1980 年，电力工业部在《电力工业十年计划汇报提纲》中提出了利用电力部门与地方、相关工业部门之间联合办电、集资办电，利用外资办电等办法来解决电力建设资金不足问题的思路。以 1981 年山东龙口电厂正式开工兴建为标志，集资办电模式在火电、水电、送变电项目中迅速推广。1985 年，国务院下发了《关于鼓励集资办电和实行多种电价的暂行规定》，集资办电政策正式推出，吸引了大量非中央政府投资主体进行电力投资，打破了政府独家投资办电的格局，促进了电力投资主体多

---

① 顾龙生. 中国共产党经济思想史（1921－2011）增订本·下［M］. 太原：山西经济出版社，2014，第 590 页.

② 黄晞. 中国近现代电力技术发展史［M］. 济南：山东教育出版社，2006，第 17 页.

元化，成功地解决了电力投资资金来源问题。

此外，国家采取提高工业用电价格的方法（每度电不超过 2 分钱）征收地方电力建设基金，为电力工业发展提供了充足的资金保证。

在电网建设方面，1979 年中国电力工业会议确定了电力工业发展要走联网的道路，电网互联规划建设进程就此启动。到了 20 世纪 80 年代末，我国已经逐步形成了以 500 千伏为主网架的六大区域电网。

改革开放后一系列政策的实行表明我国恢复和发展电力工业的决心。经济发展需要改革开放和活跃的市场，电力工业只有解放思想、实事求是才能实现事业的长期发展。

二、亳州电力事业的新挑战与新机遇

经过几个五年计划建设，到 1978 年，亳州地区经济得到了初步发展，各类工业、农业、商业，从无到有、从小到大发展起来。亳州电力工业也克服了各种困难，取得了令人瞩目的成绩。到"九五"计划完成之时，一个比较完整、独立的城市电力工业体系雏形已经建立起来，并持续为各行各业输送源源不断的动力，成为亳州城市经济发展的"血脉"。

改革开放初期的人民路

改革开放使得亳州地区市场被激活，经济进入高速发展时期，此时电力供应不足的矛盾凸显。20 世纪 70 年代后期，亳县电厂仅向化肥厂、面粉厂等骨干企业提供电力。到了 80 年代，亳县供电局除对化肥厂、古井酒厂、邮电局等单位保证供应外，对其他企业采用轮流停电或白天停电、夜班生产的方式调荷避峰，但电力供应仍然紧张。1985 年，亳县全县工业用电 2807 万千瓦时，其中国营企业耗电 2083.7 万千瓦时。1986 年，全市县办工业用电设备装机容量为 19748.9 千瓦，全年用电 2374.7 万千瓦时；乡镇工业用电设备装机总容量为 20965.1 千瓦，全年用电 311.8 万千瓦时。①

此外，随着经济的发展，用电结构也在发生变化。1991 年至 1996 年，亳县地区主要以生活照明用电为主，工业用电不足 30%，增长缓慢。1996 年以后工业用电量每年以近 20% 的速度增长，生活照明用电量也在增长，但所占比例下降，工业用电占到 40% 左右。农村非普工业占比由 1996 年前接近为零，猛增至 20% 左右，大宗工业增长水平达 30% 以上。

20 世纪 80 年代末的白布大街

---

① 亳州市地方志编纂委员会．亳州市志 [M]．合肥：黄山书社，1996，第 175 页．

用电量的增加也给供电带来了较大压力。例如，1987 年至 1998 年，亳州市供电可靠率不足 95％，电压质量低，这导致一些偏远乡村的电器无法使用。

由此可见，经济快速发展给电力工业带来了巨大挑战，对电力工业的发展提出了更高的标准和要求；同时，经济的发展也为电力工业的发展提供了重要的支撑，带来了新的机遇。能否突破"电力瓶颈"不仅关系着国民经济能否持续发展，更关系着人民生产生活水平能否得到提升。随着改革开放的深入，亳州电力工业的改革与调整势在必行。

第二节　亳州地区电力机构调整

在"八字方针"和改革开放政策影响下，为了更好地适应电力工业发展，亳州的电力管理机构进行了相应调整。蒙城、涡阳、利辛、亳县等地的供电局陆续成立，并适时开展相关建设。

一、亳县供电局

20 世纪 70 年代以前，亳县电力来源主要依靠亳县境内电厂，由厂家直接向用电单位输送，并接受电厂用电管理。亳县纳入淮北电网后，淮北开始向亳县境内供电，以弥补亳县电厂生产能力之不足。1969 年 8 月，亳县设"三化"（即在农业化的基础上，实现农业机械化和电器化）办公室，作为专门的供电管理机构。1971 年 1 月，"三化"办公室更名为亳县供电管理站，以趸售价格向淮北购电，并对全县实行计划供应；同时负责线路的架设维修、收缴电费等。1979 年 6 月，供电管理站改为供电局。1984 年 4 月，供电局改为供电公司；1984 年 10 月，改为供电局，为政企合一的专职机构，在城乡设有供电管理所。截至 1984 年，亳县拥有 110 千伏变电所 1 座，主变容量 28 兆伏安，担负着亳县、鹿邑、郸城 3 个县的供电任务；县属 35 千伏变电所 3 座，总容量 7 兆伏安；全县装置配变 656 台，容量 51 兆伏安，工农业装机总量 69 兆瓦。1983 年分配电量 4200 万千瓦时，用电量 3400 万千瓦时，最高负荷 8000 千瓦。

1986 年亳县改为亳州市，亳县供电局也改为亳州市供电局。1987 年 9 月，根据国务院"政企分开、省为实体、联合电网、统一调度、集资办电"和"因地因网制宜"的政策，亳州市供电局也开始了自身的机构改革。亳州市供电局下设办公室、计划财务科、用电科、调度所、保卫科、政工科、车队、生技股、城市供电所、农村供电所等单位，推动电力工业不断实现新的发展。

20 世纪 80 年代的亳州供电局

在管理体制上，1994 年以前，亳州市（县）供电局属当地政府管理；1994 年 5 月起，由阜阳电业局实行行业归口管理。1994 年 11 月，按照阜阳电业局对趸售县（市）局定员定编和机构设置的要求，亳州供电局内设机构调整为办公室、人事教育股、农用电管理股、计划财务股、生产技术股、调度所、修试所、用电管理所、城市供电所。1995 年，成立城市用电管理所、农电管理总站，撤销用电管理所。同年 5 月，设保卫股、综合档案室、监察室、变电运行工区。

1999 年，根据安徽省人民政府的有关文件规定，省电力公司组织各地市级供电局，按照所在地市行政区划，统一调整了各市供电局供电营业区范围，按照

20 世纪 90 年代的亳州电网调度室

供电营业区核发"供电营业许可证",使供电营业区与行政区划基本统一。亳州市供电局由省电力局代管。

1994 年,亳州市供电局召开三项制度改革动员会

二、蒙城供电局

1979 年 5 月 15 日，蒙城县供电局成立，同时建立中共蒙城县供电局党组，隶属县直党委会领导。蒙城县供电局成立之后，在资金投入、电力设备等方面，开展了一系列工作。

1984 年，国家投资 340 万元，改扩建涡—蒙 110 千伏输变电工程，这是蒙城县境内首次引用了电网 110 千伏高电压电力。

随着蒙城电力工业的发展，1985 年，蒙城县供电局根据电力建设需要，进行了机构调整，下设电力安装公司、用电管理所和 9 个农电管理站、6 座变电所。该年整个蒙城县电力系统拥有固定资产 300 万元，正式职工 186 人。

在线路架设方面，全县共架设 35 千伏线路 170 千米、10 千伏线路 794 千米、低压配电线路 1124 千米，全县所有区、镇和 98％ 的乡、38％ 的自然村、10％ 的

20 世纪 70 年代，蒙城县工人架设变压器

居民户通上了电。从当时的用电情况来看，虽然绝大部分地区都实现了通电，但是真正用上电的群众并不多，尤其是农村地区，电力发展相对落后。

到了1986年，蒙城基本实现了乡乡通电。全县通电村已有377个，通电率为69%，比1985年提高了近22%。同时，为了进一步加强电力行业管理，蒙城实行县、区、乡、村四级管理办法。区成立供电管理所，乡成立供电管理站，村成立用电管理组，形成"局管全县、区管一片、乡管一线、村管配变"的四级管电格局，极大地提高了全县农村管电和用电水平。1994年之前，蒙城县供电局由蒙城县人民政府管理，1994年5月起由阜阳电业局实行行业归口管理。

1994年，蒙城全县新增用电农户20000户，全县农村通电率达到100%，户通电率为93.90%，实现了消灭无电村的计划。到了1996年，全县乡、村、户通电率分别为100%、100%、98.5%，每年电费回收率和上缴率均达100%。

三、涡阳供电局

1979年5月，在涡阳供电所的基础上，涡阳供电局挂牌成立，6月供电局党支部也建立了起来。

涡阳供电局成立之后，开始逐步加快变电设施的建设。1980年9月，涡阳筹建王桥变电所。该变电所1984年10月26日运行，占地8.04亩，办公区180平方米，生产区2428.2平方米，宿舍区360平方米。1982年，涡阳又成立了城郊、青町、龙山、双庙、义门、高炉供电管理站。

在经营管理上，涡阳供电局建立了一系列管理制度，对所、站采取高压计量、指标考核、百分计奖。

为了解决企业发展的用电难问题，涡阳供电局加大了对企业的供电力度，保证企业的正常生产需求，逐步完善供电设施建设。1983年，为龙山水泥厂设计建造的35千伏变电所建成并投入运行；220千伏变电所至化肥厂35千伏线路建成，长1.5千米。1984年，分别筹建了肉厂35千伏变电所和面粉厂35千伏变电所，并且很快投入运行。

与此同时，涡阳积极利用外资开展电力建设。1985年9月，涡阳利用外资76.1万元，筹建了郭寨变电所，占地6.78亩，办公区157.5平方米，生产区1169平方米，值班室230.25平方米，生活区163.8平方米。1986年，变电所投入运行。

1994 年，涡阳供电局进行机构改革，归阜阳电业局管理，并对劳动、人事、工资 3 项制度进行了改革。当年，全县成立了 24 个电力管理站（所），且成立了电力有限责任公司（即三产总公司），下设工程公司、低配公司、物资供应公司、运输公司、技术开发公司、计量所、路灯所 7 个单位。

四、利辛供电局

1979 年 7 月，经县革命委员会研究决定，将利辛供电所从水电局划出，改为供电局，隶属县革命委员会管理，业务由阜阳电业局领导。

作为成立时间较短的县级行政单位，利辛对电力工业的发展尤为重视。截至 1985 年，利辛共建成输配电线路 1000 多千米，建成变电所 7 个，供电量增至近 4000 万千瓦时。

为了解决当时的用电矛盾，利辛县在 1978 年起开始实行计划用电，推行凭证定量和降低线损的措施，定电力、定电量、定单耗、定用电时间，把电力分配纳入计划轨道。同时停运农村无动力负荷变压器，减少空载损耗，禁止使用高损耗电器设备。

古城楼头映霞辉

1980 年，利辛电力供需矛盾体现最为突出的是企业工厂对电力的需求。为此利辛积极开展单耗定额考核和技术革新活动，先后自制低压电容器、无底阀水泵等装置，同时对县城生活用电取消包灯制，实行分户安装小火表的方式。这改变了过去联户装表的办法，有利于对电力浪费的现象进行整改。1983 年，利辛把 6 个变电所划分成 3 个组，分配负荷，控制电量，定时轮供，超负荷即拉闸限电。农村动力用户表计，集中封箱吊杆。将化肥厂、塑料厂、面粉厂、酒厂、食品厂、农机一厂、木材公司加工厂、印刷厂、磷肥厂、水泥厂、轮窑厂列入地县重点用户单耗考核单位，进一步扩大企业单耗定额考核范围，对超耗单位实行加价收费、年终结算的办法。一系列节能办法的实施，使利辛在电力管理方面取得了显著的成效。

1994 年以前，利辛县供电局由利辛县人民政府管理，1994 年 5 月起由阜阳电业局实行行业归口管理。1999 年，根据安徽省人民政府的有关文件规定，省电力公司组织各地市级供电局，按照所在地市行政区划，统一调整了各市供电局供电营业区范围。2000 年 12 月底，利辛县供电局改制成立利辛供电有限责任公司，仍由阜阳电业局归口管理。

随着经济的快速发展，亳州的电力事业也继续高速发展，取得了长足进步。唯改革者进，唯改革者胜。亳州电力工业以逢山开路、遇水架桥的开拓精神，以砥砺奋进、披荆斩棘的奋斗精神，解放思想、实事求是，转变不符合客观实际的发展方式，书写好了改革开放初期的答卷。

第三节　城乡供电条件的改善与技术升级

随着电力工业的发展，亳州城镇地区和农村地区的面貌都发生了巨大变化。城市规划和建设过程中，城市照明系统发挥了重要作用，为广大市民的生产生活提供了极大便利；在农村地区，电力也逐渐走进寻常人家，改变了人们传统的生产和生活方式。

20 世纪 80 年代的亳县邮电局需要进行电话接线

一、城镇照明系统的建立与发展

路灯是居民夜间出行不可或缺的公共设施，被称作城市的眼睛。一个城市的发展也有着"白天看楼，晚上看灯"的说法。亳州市区路灯数量的变化记录了亳州的城市发展，也客观记录了亳州电力工业由弱至强的变化。

1958 年，柴火式燃气机组从道德中宫送电，供 13 盏路灯使用。虽然只是 10 余盏电灯，却激发了人民对电的好奇、憧憬之心，对文明的渴望，以及对美好生活的向往。

为了让更多的亳州人用上电，亳州电力人拼搏奋进，夙夜在公。20 世纪 80 年代，亳州公共用电设备建设取得了一定的成果。随着亳州城关机构设置的变化和城市发展的需要，以及工业商业布局的调整扩大，亳州对城市供电设施、线路也应作相应的增设、改建和延伸。

1987年12月4日，亳州的路灯管理工作由市建委移交市供电局。1989年，亳州市共有15条线路1053盏路灯。1991年管理所拥有工具车1部、高空作业车1部，全市有路灯2125盏；经市委、市政府批准城市照明用电每度加收1分5厘，作为路灯建设资金。1992年，新建玉帝庙50瓦汞灯22盏；哑巴巷50瓦汞灯7盏；药材街150瓦、250瓦钠灯计80盏，汞灯40盏；贾店50瓦汞灯5盏。当年全市总灯盏数2279盏。1994年，新建亳州路150瓦钠灯84盏，新华路150瓦钠灯60盏、50瓦汞灯20盏，共用资金17.8万元；曲方桥120瓦灯80盏，投入资金5万元；小刘庄150瓦钠灯41盏、50瓦汞灯26盏。当年全市总灯盏数2590盏。1996年7月，新建魏武大道250瓦钠灯376盏，高杆灯7基400瓦钠灯120盏，投入资金197万元；光明路250瓦、150瓦钠灯共164盏，投入资金76.1万元；站前路250瓦钠灯108盏，投入资金153.4万元。当年全市总灯盏数3456盏。2000年新建礼花灯12盏，投入资金31万元；魏武大道南端钠灯250瓦88盏、80瓦88盏，投入资金45万元；交通路250瓦、150瓦钠灯共44盏，半高杆钠灯400瓦18盏；立交桥钢灯150瓦40盏，投入资金8.2万元。当年全市路灯盏数4066盏。

1984年亳州电视台开播典礼

20 世纪 90 年代的亳州地标——古井大酒店

路灯亮了，居民笑了。每当夜幕降临，亳州的街道上霓虹闪烁，灯火通明。
它们像一块块勋章记录了亳州电力工业的发展历程；也像一排排迎风而立的战
士，等待着历史的检阅。

20 世纪 90 年代初建成的魏武大道及路灯

二、农村地区用电情况的改善

20世纪80年代初，农村人用电仅是照明，大多数家庭都没有家用电器。白天有没有电，跟农村人关系不大。对于农村的孩子而言，晚上能用上白炽灯照明，便已感到满足。他们有时大白天也拉亮电灯几分钟，眼睛死死地看着灯泡——与其说是欣赏灯泡发出的光，倒不如说是对着电灯微笑。那时生活虽不富足，但每晚伴着亮堂堂的灯光，在白炽灯下看书写字，已是很幸福的事了。

虽说有了电灯照明，但油灯时而还能派上用场。那时，农村的电网基础还很薄弱，遇到刮风下雨天，时常停电，有时一停就是一两天。虽说电没用多长时间，但农村人也总结了一些经验。夜晚，正当灯火通明时，如遇风雨天气，便知道又快停电了。于是，油灯又该上场了。那个年代，农村人的夜晚就是在电灯、油灯交替使用中度过的。

1986年，袁小大队实现通电

随着亳州电力工业的发展，用电负荷、用电量也在不断攀升，在偏远农村地区，由于电压质量低，许多农户家中电器无法使用。作为电力工业的重要组成部分，只有解决好农村电力问题，才能确保电力工业发展的均衡。1984年，安徽省电力局印发了《安徽省电网直供县农村用电经济承包责任制管理办法（试行)》，指出要建立健全乡（公社）电力管理站，加强农村用电管理，切实为农业和发展农村商品生产服务，并在全省范围内实行了《安徽省电网直供地区农村乡（公社）用电经济承包责任制管理办法》。在此背景下，亳州在农村电力建设方面推出了一系列举措。

为了实现电力普及，彻底解决部分乡村无电的问题，1986 年亳州成立了"乡乡通电工作小组"，组织工程技术人员、熟练的技术工人等奔赴具体地区开展相应工作。

在农电线路改造方面，1991 年以来，亳州合理规划线路，不断更新换代设备，基本形成供电环网。与此同时，电力部门发现隐患及时消除，缩短停电时间，减少停电次数，不断改善线路健康状况，使供电线路故障跳闸次数逐年减少，供电量逐年递增。1991 年，亳州共建成 10 千伏供电线路 7249 千米。1992 年至 1998 年，线路长度延伸至 9726 千米。1999 年以来，农电线路改造速度加快，线路长度达到了 12157 千米，线路覆盖每个乡镇、自然村。

在农村电网建设方面，1992 年亳州供电局新建或改造了古城、双沟城北供电所主干线路；1993 年以"113"工程重点改造无电村，解决配电台区 15 台；1999 年开始农网改造，所有被改台区线路全部更新，更新配变台区 3118 台、10 千伏线路 1257 千米。

1989 年，十河供电所工作人员合影

20 世纪 80 年代，亳县冬修水利跨河电网

随着农村各类电力设施的大规模建设，农村用电量显著增加。1991 年亳州农村用电量 0.45 亿千瓦时，1998 年增长到 0.786 亿千瓦时，1999 年为 0.99 亿千瓦时。2000 年全市有 220 千伏变电所 3 座，主变 5 台，容量 540 兆伏安；110 千伏变电所 6 座，主变 10 台，容量 3045 兆伏安；35 千伏变电所 9 座。

第四节　亳州热电厂的筹建

改革开放之后，虽然亳州地区的电力工业发展迅速，但是电力供应紧张的局面在很长一段时间内依然难以缓解。其原因有四：一是全省乃至华东地区电力不足；二是亳州地区工业发展较快，一些新工业建设项目不断出现，尤其是乡镇企业、小酒厂发展加快，电力需用量猛增；三是人民生活水平不断提高，家用电器涌入群众家庭，居民家庭用电量增加；四是农村电力建设不断加强，一些无电乡村陆续通电，使电力供应不足的问题更加突出。此时，传统火力发电、水力发电已经不能满足亳州电力发展需求，发展新的电力能源成为解决电力供需矛盾的新选择。

1988年，亳州开始改筹24万千瓦热电联产区域型热电厂，并上报安徽省计委审查立项。省计委于1989年2月11日批准立项，自此亳州热电厂的建造项目顺利上马。

1991年，亳州电力培训班举行

一、筹建工作与工程建设

热电厂建设得到批准之后，亳州市政府牵头投入了热电厂的建设之中，从参与招投标到最终建成投入使用，历经数年。

1988年，国家能源投资公司节能公司在江苏省吴县召开小型热电联产节能项目招标会，亳州市参与投标，7月顺利中标，拟建设规模为3×65t/h次高压链条锅炉、1.2万千瓦抽凝式汽轮发电机组和6000千瓦背压式发电机组各1台。项目委托化工部第三设计院进行初步设计，1989年12月经省计委批准，项目概算投资额为 6718.83 万元。

为了解决建设资金问题，同年 12 月 14 日，在中国技术进出口总公司、中国人民银行安徽省分行的大力帮助和支持下，亳州与奥地利方签订设备贷款 5420 万先令（含建设期利息 420 万先令）并向其购买 1 台 1.2 万千瓦抽凝式汽轮发电机和部分电气设备的合同。该合同于 1990 年 7 月 20 日生效，本金贷款年息为 4.5%，利息贷款年息为 4.87%。

1990 年 10 月，亳州考察团赴奥地利开展考察工作。随后，双方多次开展技术交流，并根据双方技术约定，对热电厂的任务书进行了最后确定。经省计委批准，该项目最后概算投资额为 8684.21 万元。考虑到当时国内配套资金筹措有困难，于是决定工程分 2 期实施。

一期实施两炉一机，容量 1.2 万千瓦。一期工程于 1991 年 10 月 22 日开工，1993 年 12 月竣工。二期工程于 1995 年 5 月 18 日开工，其中一炉一机于 1996 年 8 月建成并网发电，1997 年 2 月全面竣工。[①]

1989 年，双沟粮食站内的电网线路

---

① 亳州市政协文史委员会. 亳州文史资料（第 8 辑）工交篇［Z］. 亳州市政协文史委员会，1997，第 87—90 页.

二、社会经济效益

一期工程竣工、一号机组投入运行后，虽然社会效益、环保效益显著，但由于建设规模没有形成，三炉两机的共用设施优势没有得到充分发挥，因而企业效益欠佳。为使其尽快形成建设规模，一号机组于 1993 年 9 月由阜阳电业局代管，亳州热电政企分开、两权（所有权、经营权）分离，也就是实行行业管理，财产所有权属亳州市政府，经营管理权属阜阳电业局，执行地方电力工业规章制度。

同时，由阜阳电业局倡导与发起，阜阳电业局、亳州市土地综合开发公司、安徽电建二公司、安徽电力设计院共同参股出资组建亳州热电二号机组有限责任公司，承担续建亳州热电厂二期工程——二号机组（两炉一机，容量 1.2 万千瓦）的任务。二号机投入运行后，企业效益有了好转，一号机扭亏转盈，二号机当月盈利，实现开门红。至此，亳州热电厂生产能力为年发电量 2 亿千瓦时，年供热量 20 万吨，为改善亳州投资环境、振兴亳州经济、尽快成为大京九线上的明星城市奠定了良好的基础。

1985 年，安徽省亳州首届中药材交流大会胜利开幕

亳州热电厂四炉两机规模形成后，剩余热量尚可供 1 台 1.2 千瓦汽轮发电机组发电用。为追求更好的社会效益和企业效益，1996 年热电厂继续扩大规模，

拟再置 1 台 1.2 万千瓦抽凝式汽轮发电机组（即三号机），估算投资额约需2000 万元。

经过数年建设，亳州热电厂最终形成了四炉三机的规模。热电厂的建造在亳州电力史上具有重要意义。热电厂的建成大大缓解了亳州的电力供需矛盾，缓解了工业生产和人民群众生活用电的压力，为国民经济发展提供了重要保障。同时作为新型的节能电力企业，热电厂的建成有利于减轻环境污染。

1978 年改革开放后，亳州地区各地的电力建设顺应了国家关于改革开放和经济调整的大政方针：一是不断强化基础设施建设，提高电力技术；二是发挥电力事业为人民服务的属性，让电能走进千家万户，方便人民群众生活；三是发挥电力为经济发展保驾护航的积极作用，为工商业发展服务。

1995 年，亳州供电局宣传电力法

1992 年，邓小平南方谈话后，亳州人民认真学习贯彻邓小平同志南方谈话精神和党的十四大精神，持续深化电力改革，认真贯彻执行全民所有制企业转换经营机制，努力探索电力事业发展新路径，取得了不少新成绩——1992 年完成供电量 10843.4 万千瓦时，使全市供电量历史上第一次突破 1 亿千瓦时；农村用电量达到 2069 万千瓦时，乡村工业用电达 769 万千瓦时。

回顾从改革开放到 20 世纪 90 年代亳州电力工业的发展历程可以看出，亳州电力工业得到了较大发展。同其他行业一样，电力工业的发展也必须遵循市场规律，必须将改革与创新相结合，根据实际情况制定电力工业发展战略与路径。经过 20 多年的发展，亳州电网建设已初具规模，为亳州经济的发展注入了源源不断的动力。

第五章
璀璨夺目

步入 21 世纪的亳州电力工业

> 历史的车轮滚滚前行。进入 21 世纪，世界进入以知识经济为标志、以经济全球化为特征的新的历史发展时期。亳州电力工业随着中国电力工业发展的大潮，也进入新的重要历史机遇期。

第一节 亳州建市后电力机构设置的调整

一、地级亳州市建立

随着改革开放的不断深化，中国电力工业发生了重大变化，我国长期缺电的局面得到了缓解。这一阶段电力工业发展主要围绕转变发展方式、调整内部结构、促进电网均衡发展、改善农村用电环境、全国联网等方面展开。[1] 此外，国家针对国有企业的改革从政策调整进入制度创新阶段，国有企业开始推行政企分开制度。在"让电力行业资源配置机制更加制度化"强烈的需求下，中国电力工业再一次站在了改革的潮头。

1992 年，党的十四大提出建立社会主义市场经济体制的改革目标。党的十四届三中全会通过的《中共中央关于建立社会主义市场经济体制若干重大问题的决定》，提出建立社会主义市场经济体制的框架体系，规定了国有企业要建立现代企业制度。至此，我国经济体制改革实现了重大突破。

与此同时，亳州地区的行政区划也经历了大调整。1986 年 3 月，经国务院

---

① 《中国经济发展史》编写组. 中国经济发展史（1949—2010）[M]. 上海：上海财经大学出版社，2014，第 515 页.

2000 年，地级亳州市建立

批准，改亳县为亳州市（县级），隶安徽省阜阳地区，以原亳县行政区域为亳州市行政区域。同年 6 月 4 日召开亳州市成立大会。1998 年 1 月 14 日，安徽省委、省政府决定，亳州市改由省直辖（副地级）。2000 年 5 月 11 日，国务院批复设立地级亳州市，亳州市设立谯城区，市人民政府驻新设立的谯城区。原县级亳州市的行政区域即为谯城区的行政区域，区人民政府驻文化巷。原阜阳市管辖的涡阳县、蒙城县、利辛县划归新设立的地级亳州市管辖。随着亳州市升为地级市，亳州电力机构调整也逐渐拉开了大幕。

二、亳州电力机构的调整

进入 21 世纪，经济快速发展，电力需求快速增加，随之电力供不应求的局面很快波及开来，出现全国性缺电的被动局面。电力供应状况的快速转变和全国缺电的局面，日益暴露出发电、输电、变电和配电旧有体制的弊端。

在加大电源建设的同时，2000 年 10 月，国务院办公厅下发文件，明确电力体制改革工作由国家计委牵头，会同国家经贸委、国家电力公司等部门和单位，组成电力体制改革协调领导小组，调研和制订具体方案，电力体制改革就此提上了日程。

为进一步激发电力工业企业内部活力，从体制机制上根本解决电力工业的发展问题，经过紧锣密鼓的改革方案调研、论证和制定，国家计委于 2001 年 12 月上报了新的电力体制改革方案。2002 年 2 月 10 日，《国务院关于印发电力体制改革方案的通知》（国发〔2002〕5 号）发布，确定电力体制改革的总体目标是：打破垄断，引入竞争，提高效率，降低成本，健全电价机制，优化资源配置，促进电力发展，推进全国联网，构建政府监管下的政企分开、公平竞争、开放有序、健康发展的电力市场体系。

进入 21 世纪，电力给人民生活带来巨大便利

　　随着全国电力体制改革方案的实施，安徽省电力体制也进行了改革，即原来隶属于安徽省电力公司管理的火电厂按照国务院电力体制改革方案分别划归全国各发电集团管理，水电站划归安徽省水利厅进行管理，安徽省电力公司成为国家电网公司（华东电网）旗下的电网企业。在电力体制改革的背景下，亳州电力工业迎来了崭新的篇章。①

　　回顾亳州地区电力发展历程，1994 年以前，亳州市（县）供电局、涡阳县供电局、蒙城县供电局、利辛县供电局属当地政府管理，1994 年 5 月起由阜阳电业局实行行业归口管理。1999 年，亳州市供电局由省电力局代管。同年，根

---

① 关守仲，陈祥明. 阳光电力［M］. 合肥：合肥工业大学出版社，2007，第 18 页.

据安徽省人民政府的有关文件规定，省电力公司组织各地市级供电局，按照所在地市行政区划，统一调整了各市供电局供电营业区范围，按照供电营业区核发"供电营业许可证"，使供电营业区与行政区划基本统一。

2000年，为规范各县（市）供电企业改制行为，减少中间环节，提高工作效率，安徽省电力工业局印发《关于统一规范全省各县（市）供电企业改制工作的通知》，指导各县（市）供电企业通过改制真正建立起产权清晰、权责明确、政企分开、管理科学的现代企业制度。企业改制后的名称统一为"安徽电力××供电有限责任公司"。

当年12月底，涡阳县供电局、蒙城县供电局、利辛县供电局分别改制成为"安徽电力涡阳供电有限责任公司""安徽电力蒙城供电有限责任公司""安徽电力利辛供电有限责任公司"。

第二节　亳州供电公司的成立

2000年5月，地级亳州市成立。为适应行政区划的调整，安徽省电力公司于2001年9月在亳州供电局的基础上发起成立亳州供电有限责任公司。亳州供电有限责任公司负责亳州市境内110千伏及以上电网的运营，并代安徽省电力公司管理涡阳、蒙城、利辛3个供电有限责任公司。安徽省电力公司持有该公司51％的股份，亳州市政府持有49％的股份，员工均为原亳州供电局干部职工。

亳州供电有限责任公司运营一段时间后，因电网建设投资渠道受资产关系制约，无法进行大规模的电网建设。鉴于此，2002年6月，安徽省电力公司成立"安徽省电力公司亳州供电公司"。该公司由安徽省电力公司控股，负责亳州市的供电和运营管理工作，原由阜阳供电局管理的在亳州市辖区内110千伏及以上输、变电设备以及亳州（原亳县）、涡阳、利辛、蒙城供电有限责任公司也移交该公司管理，这标志着亳州电力事业迈入了全新的发展阶段。①

---

① 《亳州年鉴》编辑部.2002亳州年鉴［M］.合肥：黄山书社，2002，第106页.

2002 年 6 月 20 日，亳州供电公司成立大会

2001 年，亳州供电公司机构设置、人员调配、新模式导入、磨合改进、验收评估等工作按期完成。

2003 年 5 月 1 日，亳州供电公司正式对亳州电网进行独立调度。截至 9 月底，亳州市农村电网建设与改造工作全面完成，亳州区域农村电网的网架结构、网架质量得到明显改善。

亳州供电公司以建立现代企业制度为目标，以促进社会经济发展为中心，夯实基础、规范管理、艰苦创业、加快发展，不断开拓进取，致力于生产、管理水平的不断提高。

亳州供电公司成立以后，只有管理功能，并没有营业区域。亳州市城区及谯城区 21 个乡镇的供电任务，仍由亳州供电有限责任公司承担。受体制等因素制约，市区供电在资金投入和规范管理等各方面存在较为突出的问题，同时也出现了一个独特现象——一个市区有两个供电企业，即亳州供电公司、亳州供电有限责任公司。亳州供电公司因无直供营业区，实质上是一个"输电公司"，机体不健全。这制约了队伍的锻炼、人才的培养和公司的长远发展。

为解决困扰亳州市城配网建设的资金瓶颈问题，缓解亳州城区快速发展和城配网建设滞后之间的矛盾，整合亳州电网的资源，安徽省电力公司审时度势，决定实施亳州供电体制改革。

敷设在亳州南部新区的亳州电网

2008 年，国家电网公司批复同意调整安徽电力亳州供电有限责任公司股权结构。安徽省电力公司和亳州市人民政府签署股权划转协议，亳州市政府同意无偿将所持有的亳州供电有限责任公司股权划转给安徽省电力公司。

2009 年 5 月，国务院国有资产监督管理委员会批准亳州供电有限责任公司 49% 的国有股权无偿转划给安徽省电力公司。至此，亳州供电体制改革具备了实施条件。

2009 年 8 月 6 日，安徽省电力公司调整了亳州供电公司领导班子。新一届亳州供电公司领导班子高度重视体制改革工作，在 8 月 13 日召开的第一次党政联席会议上，就明确将体制改革作为班子的主要工作任务。

体制改革是一件好事，同时也是一件难事。它主要面临着四大问题：首先是人员管理问题。亳州供电公司共有员工 169 人，亳州供电有限责任公司共有员工 533 人。两个单位加起来员工超过 700 人。合并后工资标准、养老保险管理模式、企业年金等差异可能会引发矛盾，管理工作的难度将会增大。其次是岗位调整问题。体制改革的进程中肯定要合并有关机构，同时要调整部分员工的岗位，势必会引发部分干部职工思想上的波动和工作内容上的不适应问题。再次是心态。成立亳州供电有限责任公司的初衷就是运营整个亳州电网，很多员工认为这个公司就是"市公司"。然而由于管理方面的原因，运营整个亳州电网的任务交给了亳州供电公司。亳州供电有限责任公司最终与成为市级供电公司的机会擦肩而过。广大干部员工认为一定不能再错失这次"入网"机会。最后是适应问题。两个公司人员有着明显的学历差异、年龄差异。一边是学历高但工作经验不足，一边是工作经验丰富但文化程度不高，两方互补的同时必然产生不适应。

为此，亳州供电公司领导班子走遍了基层单位，与上百名干部职工沟通交流。最终，在班子成员之间多次交换意见之后，确立了体制改革的原则、方法、步骤：

原则——明确目标、积极探索、稳妥推进、逐步完善；

方法——先整合业务、融合人员，再按定员定编实施全员竞聘上岗；

步骤——先行试点、总结经验、分步实施、逐渐规范。

体制改革的原则、方法、步骤明确之后，亳州供电公司和亳州供电有限责任公司领导班子深入基层广泛开展调研，解决群众思想问题，保证了体制改革的顺利进行。

2009年，亳州建成启用了应急指挥中心，建立健全了应急组织体系、应急预案体系、应急保障体系，应急管理工作机制进一步完善。同年，亳州建成投运了220千伏茨淮等5个输变电工程，开工建设了220千伏焦楼变扩建等4个输变电工程；"双创"工作也实现突破，220千伏蒙城变电站成功创建五星级变电站，南蒙2753等6条输电线路被评为A级线路。

2009年，计量中心成立

2011 年，按照"十二五"期间投资 21.9 亿元建设亳州电网的规划，亳州竣工投运了 220 千伏魏武输变电工程、110 千伏政通输变电工程、110 千伏园艺输变电工程，并开工建设 220 千伏伯阳输变电工程。全年完成主网基建投资1.68 亿元。

体制改革完成后，亳州电网的投资渠道实现完全畅通。2010 年，安徽省电

2011 年，亳州供电公司举行运动会

力公司对亳州市城市配电网投资 2170 万元，共新建 8 条 10 千伏线路，新增或改造了 36 个配电台区，完成了药材交易中心、明清一条街等市政重点工程的供电设施改造；对谯城区农村电网投资 1770 万元，大大强化了农村电网建设。2011年安徽省电力公司对亳州电网的投资突破 4 亿元，其中城配网投资达到规模空前的 3330 万元。

亳州供电公司成立后，亳州地区电力系统统一规划、统一建设标准。这有助于实施精准投资，促进各级电网协调发展，大幅提高电网运行的安全可靠性，从而在更大范围内发挥了电力服务经济建设的作用。

第三节　农村用电的全面普及

2000 年，亳州全市人口总计 137 万人，其中农业人口为 111 万人；耕地面积为 128.34 千公顷，其中电力摊灌面积为 61.51 千公顷；工农业总产值按 2000 年现价计算为 845309 万元，其中工业总产值 573000 万元（乡、村工业总产值为418069 万元），农业总产值 272309 万元。农电正式职工人数为 462 人，同比增加14.93%；其中农电工 397 人，基本没有变化。乡镇供电所为 26 个。

亳州进入 21 世纪头一个 10 年的农电建设，主要是在输变电工程上加大投资力度，同时根据国家统一部署，开始改造过去的老设备，以提高供电能力、保障供电安全。

一、优化供电线路和变电所

安徽省农电局编制的《安徽省农电标准化管理条例及评级标准（试行本）》于 1985 年 1 月起试行。该标准对农村 3～10 千伏配电变压器台区实行标准化管理，以配电变压器的供电范围为单位进行考核，目的是提高安全供电可靠性及效益，使农村低压电网逐步达到布局合理化、设备完善化、工艺标准化、管理正规化。

1993年，安徽省政府出台"农电调节基金"政策，将全社会企事业单位的用电电价每千瓦时上调0.5分钱，用于农村电力设施建设。这项政策一直推行到1998年，对全省农村110千伏电压以下的电力工程建设起到较大的推进作用。

2007年，亳电工人进行电网维修

截至2002年，亳州拥有220千伏变电所3座、主变5台、容量54万千伏安，110千伏变电所6座、主变10台、容量30.45万千伏安，110千伏及以上输电线路497.33千米。

2010年，亳州完成电网建设投资2.1亿元，建成投运220千伏焦楼变扩建工程、110千伏公吉寺输变电工程和110千伏利辛开发区输变电工程，开工建设

220 千伏谯北变电站、110 千伏城东变电站、110 千伏园艺变电站以及 3 条 110 千伏及以上输电线路，新增变电容量 33 万千伏安，新增线路长度 62 千米。技改、大修项目按计划推进，工程的安全性、质量、工期得到控制。同年，亳州集中完成了南部新区电网建设、老城区配网及历史文化街改造；信息化建设持续推进，ERP 第三批推广运用工作按时完成。

2014 年，亳州地区完成农网升级工程投资 16110 万元；28 个美好乡村配套供电设施建设顺利完工。市郊完成农配网投资 10396 万元，建设线路 34 千米、配台 510 个。亳州供电公司荣获"省公司农网改造升级工程劳动竞赛"三等奖，3 项工程获得省公司"2014 年度农网精品工程"称号。

亳州供电有限责任公司开展用电政策宣传

二、农网改造项目

1998 年以前，亳州农村电网建设由于缺乏稳定的资金来源，投入偏少，设备相当陈旧落后，农村电价普遍很高，农民意见很大。

按照国务院和国家电力公司的部署，安徽省大规模农网建设改造工作从 1998 年开始启动。国家合计批准全省第一期农网改造总投资计划 52.89 亿元。

2001 年底，安徽省二期农网改造工程启动，总投资规模 33 亿元。对农村电力建设的大量投入，改变了农村电力设备落后的状况。

亳州市二期农网建改工程于 2002 年 3 月启动，投资 2.609 亿元，通过有关单位和部门的一致努力，2003 年 11 月通过了亳州市计委、经贸委等 6 部门共同组织的竣工验收。亳州市二期农网建改工程共新建 35 千伏变电所 1 座，改造 35 千伏变电所 13 座，建改配变 5080 台，建改 10 千伏线路 4244.92 千米，建改 380 伏线路 1964.12 千米，建改 220 伏线路 3116.66 千米，受益农户 34.94 万户。

农网建改工程使农村用电秩序得到整顿，农村电价大幅下降，农村电网供电可靠性和供电质量大大提高。

三、户户通电工程

亳州是一个农业大市，农村经济基础比较薄弱。20 世纪 90 年代初，农村通电水平较低。2005 年亳州供电公司修订了《城乡电网发展规划》，积极实施"双百"工程，并克服困难，启动了户户通电工程，解决了 5905 户无电户的供电问题，为农民奔小康奠定了坚实的基础。

得益于户户通电工程的农民喜笑颜开

建市之初的北关街区

2006 年，110 千伏铁东输变电工程的投产为亳州市经济技术开发区的发展提供了电源保证；220 千伏涡阳—谯城Ⅱ回输电线路工程的投运从根本上改变了亳州市区多年来仅靠一条 220 千伏单电源供电的局面；110 千伏涡北输变电工程的投运对保证涡阳县城区、涡北矿区及涡阳北部农村的供电可靠性起到重要作用。该年度亳州完成电网建设投资 10194.3 万元，设备自动化水平大为提高，设备状况进一步改善，供电可靠性不断增强。

第四节　电力的市场化改革与发展

2000 年，根据《国务院批转国家经贸委关于加快农村电力体制改革加强农村电力管理意见的通知》（国发〔1999〕2 号）和省政府《批转省经贸委关于安徽省加快农村电力体制改革加强农村电力管理实施方案的通知》文件精神，省电力公司配合省政府、省经贸委，对县供电企业进行公司制改革，按照以县为实体、政企分开、一县一公司和县乡（镇）电力一体化管理的原则，一县一个供电营业区；改革乡（镇）电管站的现行管理模式，将全省乡、镇电管站改为县供电企业的派出机构，组建供电所，统一管理乡（镇）及乡（镇）以下电网，其人、财、物由县级供电企业统一管理。

农电体制改革后，县级供电局全部改制为具有独立法人性质的省电力公司全资子公司和控股公司，实行独立核算，自负盈亏。为适应电力体制改革和电力市场不断发展的需要，促进市级供电企业建立以市场为导向、以现代企业制度为目标、以经济效益为中心、以优质服务为宗旨的企业经营管理体系，2001年安徽省电力公司下发《关于制定安徽省电力公司供电企业机构设置方案的通知》，对市级供电企业内部机构设置进行统一规范。市级供电企业内部机构设置限额为15个，于2002年一季度完成内部机构设置。

此后，安徽省电力公司又印发了《关于制定下发县（市）供电有限责任公司"四部两室"职责范围的通知》，对县级供电企业的内部机构设置进行了统一规范，明确了"四部两室"的职责范围。

提供优质服务不仅是电力企业生存发展的根本点，也是企业扩展市场的有效途径。亳州供电公司在成立之初便开启了自我进化、不断提升服务水平的进程。

建市之初，亳州电力公司支持举办了"电力杯"歌咏比赛

灯火通明的幸福桥

2002年，为应对城市用电量不断增加的形势，省电力公司印发《安徽省电力公司市供电企业电力客户服务中心建设实施方案（试行）》，以市供电企业的售电营业、用电服务、配电运行和计量等部门为基础，成立各市供电企业电力客户服务中心，并对各市电力客户服务中心组建方案进行批复，明确了中心性质、岗位设置和业务划分等具体细节。组建市供电企业电力客户服务中心，建立客户服务业务工作流程、工作标准、管理标准和岗位职责规范，坚持"人民电业为人民"的服务宗旨，体现了"优质、方便、规范、真诚"的供电服务方针，为地方国民经济发展和广大电力客户提供了多层次、多样化的优质服务。2009年，亳州供电有限责任公司95598呼叫中心被评为省公司系统模范班组。

2010年3月，亳州供电公司谯城供电服务中心成立大会举行。3月，亳州供电公司还召开了客户服务中心、电费结算中心成立大会。

随着我国经济体制改革的不断深化，电力体制改革和投融资体制改革也随之提上了日程。电力体制改革的目标是：打破垄断，引入竞争，提高效率，降低成本，健全电价机制，优化资源配置，促进电力发展，推进全国联网，构建政府监管下的政企分开、公平竞争、开放有序、健康发展的电力市场体系。投融资体制改革旨在促进投资主体多元化，做到分级管理、分别权限，落实投资责任，分散投资风险。电力体制和投融资体制的改革，促使电力投资连年大幅增长、电网规划与建设大步迈进，推动电力工业进入了一个崭新的发展阶段。

2008 年的亳州南部新区

对供电企业而言，要想在一个更为开放、竞争更为激烈的、快速增长的市场中赢得竞争，必须努力提高自身的竞争力，更加注重企业内部组织结构的转型和经营机制的转换；不断进行技术创新，开发出适应不同用户需要的产品；更加自觉地推进改革，更加主动地投入竞争。

2003 年 4 月，利辛县双赢实业有限责任公司成立，注册资本 1000 万元。2004 年 12 月 24 日，亳州供电有限责任公司谯城区农电服务有限责任公司成立。2006 年，在原利辛农村电力服务公司基础上，利辛县阳光电力维修工程有限责任公司注册成立。

亳州电力工业要持续发展，根本出路在于创新，而创新的关键在于科技力量。为此，亳州电力系统努力构建以企业为主体、以市场为导向、产学研相结合的技术创新体系，加强创新人才队伍建设，搭建创新服务平台，推动科技和经济紧密结合，努力实现优势领域、共性技术、关键技术的重大突破，推动从"制造"向"创造"转变。

2009 年，亳州供电公司组织人员对设备台账进行梳理，补齐了相关信息，有效利用了信息化供电公司建设的成果，SG186 生产管理系统按时上线并克服时间短、任务重等困难，完成了 ERP 项目的数据收集、人员培训、模拟试运行等工作。

经过进入 21 世纪头一个 10 年的大规模电力建设，亳州地区电网装备水平和供电能力迈上了新台阶，网架结构和装备水平全面提升，电能损耗大幅降低，供电的安全性、可靠性、经济性大大提高。亳州电力人用银线、铁塔谱写出经济发展的一曲高歌。

亳州夜景

第六章
布新破局

步入新时代的亳州电力

党的十八大以来，在"四个革命、一个合作"能源安全新战略的引领下，我国电力工业进入高质量发展阶段。发电能力方面，中国发电装机量、用电量等指标稳居世界第一位，同时电源结构趋向多元化和清洁化；电网建设方面，推动构建了规模合理、分层分区、安全可靠的电力系统。国网亳电公司贯彻习近平总书记提出的新发展理念和高质量发展要求，推动企业改革发展迈上了新台阶。

第一节　转型升级　全面发展

一、"三集五大"机构变革

"三集五大"是国家电网在"十二五"发展战略中提出的深入推进公司发展方式转变的重大战略。2012 年，安徽省电力公司下发《市县公司"三集五大"体系建设方案》，要求各单位以效益效率为导向，严格执行国网公司工作要求，保证工作进度和质量。

2012 年 5 月，安徽省电力公司"三集五大"体系建设展开，亳州供电公司人资部作为"三集五大"体系实施机构，负责编制"三集五大"体系机构设置和人员配置方案及岗位名录并组织实施——根据省公司关于亳州公司"三集五大"操作批复，成立公司本部机构 9 个、业务支撑机构 5 个，牵头完成各机构的职责划分、定编定岗、人员配置等工作。其管理创新成果《市供电企业"三集五大"体系建设过程中的机构设置和人员配置》获公司级优秀奖。

"三集五大"坚持集约化、扁平化、专业化方向；坚持提升效率、效益的原则；坚持顶层设计、统一规范的原则；依据国网公司"三集五大"体系建设总体方案和机构设置与人员配置指导方案，严格按照劳动定员标准和精简高效、从严从紧的原则，统筹优化、统一规范"三集五大"体系机构设置和人员配置；坚持全面覆盖的原则。"三集五大"体系建设横向扩展到"三集五大"外其他业务，纵向延伸到乡镇供电所。

公司以盘活存量、优化配置、健全机制、集约提效为目标，以建设3个体系（组织、运行、保障）为主线，推行5种方式（岗位竞聘、人才帮扶、劳务协作、临时借用、挂职锻炼），实施3项激励（培训考核、薪酬激励、生活补贴），稳步推进统一规范、职责清晰、流动有序的内部人力资源市场建设，逐步解决公司结构性超缺员矛盾，实现各类用工的集约管理、优化配置与高效利用。

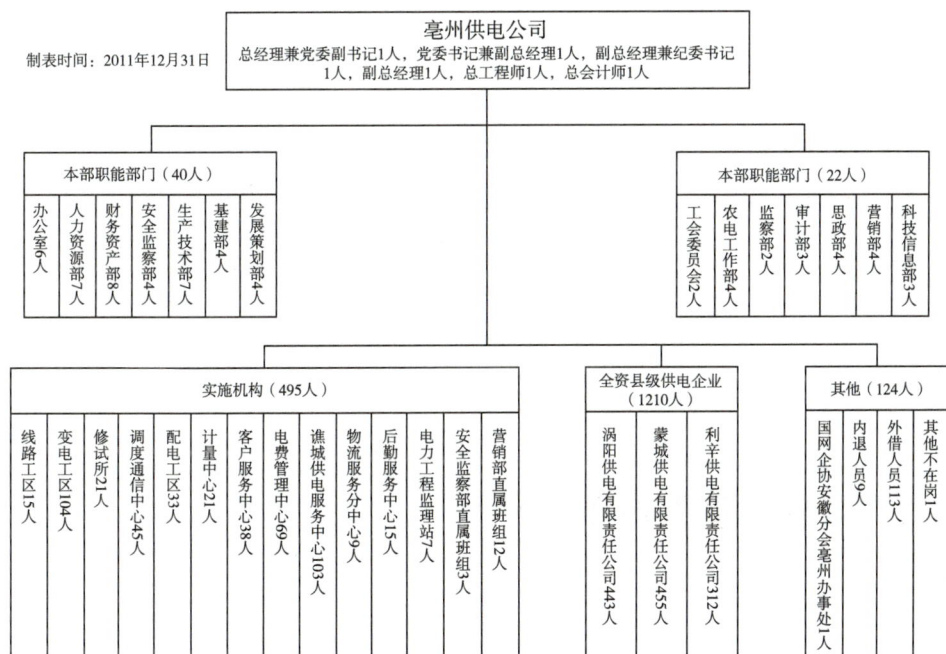

亳州供电公司组织机构图

公司根据"三集五大"体系全面建设实施后岗位变化情况，修订岗位薪点工资制度，开展不同层级岗位薪酬价值评估，重新确定各岗位的岗级标杆和薪点区间，完善与岗位职责、素质能力和绩效考核等紧密挂钩的统一薪酬制度；进一步理顺公司内部收入分配关系，规范公司各类薪酬收入项目、来源和分配秩序；进一步发挥薪酬激励的导向作用，注重收入分配向高端人才和关键岗位、生产一线、艰苦地区单位的员工合理倾斜。

为进一步解放员工思想、转变观念、增强信心、共同推进"三集五大"体系建设顺利进行，公司组织相关宣贯类培训班，组织各相关部门，结合"三集五大"体系全面建设的要求，按照省公司统一部署开展普及宣贯，充分利用公司远程培训网络平台，将"三集五大"的新流程、新规定、新要求培训到位，以适应公司"三集五大"体系建设要求，保证平稳过渡。

公司还开展了相关能力提升类培训班，进一步加大复合型人才培养力度，深入推进"一专多能"复合型人才培养，重点做好调控一体化、运检一体化等专项培训，分层次、分类别地对"三集五大"体系建设涉及的各类人员开展业务流程、专业技能和考核指标等适应性培训，使广大员工尽快熟悉和适应新的管理模式、业务流程和运营规范。

"三集五大"体系建设实施后机构数量设置为 35 个，"三集五大"体系建设实施前机构数为 77 个，组织机构精简率为 54.5%。其中市公司层面"三集五大"体系建设实施后机构数量设置为 14 个，"三集五大"体系建设实施前机构数为 24 个，组织机构精简率为 41.7%；县公司层面"三集五大"体系建设实施后机构数量设置为 21 个，"三集五大"体系建设实施前机构数为 53 个，组织机构精简率为 60.4%。"三集五大"体系建设实施后"五大"业务定员总数 989 人，"三集五大"体系建设实施前"五大"业务用工总数 1331 人，用工效率提升率为 25.7%。

二、"三项制度"改革落地

亳州供电公司下辖涡阳、蒙城、利辛 3 个县级供电公司、51 个乡镇供电所，服务亳州三县一区用户 229.75 万户。截至 2020 年 10 月底，市县公司共有全民员工 1710 人、集体员工 296 人、农电员工 1760 人、省管产业单位直签用工 17 人。

随着中央、省公司关于"三项制度"改革的要求不断深化，2019 年亳州公司结合自身实际，对"三项制度"改革进行了积极的探索。"能增能减"方面，以"目标任务制""工作积分制"为基础，制修订绩效考核制度方案 8 项，形成了导向清晰、评价科学、激励有效的制度体系。与此同时，公司进一步探索多维考核模式，将绩效考核与绩效薪金全部挂钩，实现月度差异化考核、年度业绩考核、年度绩效归级与考核结果"三统一"，促进员工收入能增能减。"能上能下"方面，建立了干部、管理人员和班组长退出机制。"能进能出"方面，全面梳理通用制度、劳动合同红线制度条款，形成"红线制度40条"，组织全员学习确认；全面宣贯国网公司劳动合同管理办法；强化纪律执行，严格责任追究。

公司成立以总经理、党委书记为组长，各分管领导为副组长，各专业部门为成员的深化"三项制度"改革项目工作领导小组，明确市县公司同步开展"三项制度"改革试点，纳入市县一体化工作方案。在制度、流程、机构、措施等重点工作方面，市公司制订统一工作方案，县公司制定差异化条款。制订下发了"三项制度"改革项目实施方案，制定工作任务清单36项，明确时间节点任务，科学制定"三项制度"改革总体成效评价机制，全面评估，精准评价；全面梳理各相关专业制度，统筹修订相关规章制度，完成企业负责人业绩考核办法、组织绩效考核办法等规章制度8项，补充完善岗位绩效工资制度实施方案2项，形成科学合理、系统完备的"三项制度"改革规章制度体系。

公司又实施了项目负责人和专业负责人"双负责人制"，统筹推进项目实施；建立了市县公司联络员制度，畅通信息渠道，加强对口交流指导。公司还通过固化执行月度例会机制、绩效看板制度、季度检查制度，实现考核—执行—检查的全过程闭环管理，保证组织考核的公正公开和精准执行，并将3项制度改革工作任务与公司重点工作任务相结合，进展情况纳入组织绩效考核。

以"目标任务制""工作积分制"为基础，公司整合各专业部门涉及绩效薪酬的考核文件，归集至公司组织绩效考核办法。深化中层干部"组织＋贡献"任务制考核，注重干部的目标任务完成情况、履职能力和对组织的贡献能力，推进基于工作积分的多维考核，实现收入向一线倾斜。制订供电所积分考核方案，统一市县公司供电所积分库，建立供电所对标考核负面清单和质量事件，实施减分考核；强化供电所对标结果与年度业绩考核挂钩，市县公司同步应用，实现积分考核与对标目标双控，激发供电所内生活力。

进一步优化工资分配机制，探索"战略＋经营"管理，完善市场化薪酬激励机制。制订岗位绩效工资制度实施方案，积极开展薪点工资测算、调整，完成部分绩效系数调整，进一步提高绩效奖金基数，加大绩效考核激励的导向作用。加强工资计划管理。制订年度工资总额使用计划，对工资总额和人均工资水平进行

2015 年，文帝街改造工程启动

"双控"，合理调整各级各类人员收入比例。

　　"三项制度"改革影响价值格局、社会地位和利益分配，与员工活力和企业创新力息息相关。通过引入市场化激励约束机制、末位淘汰机制、差异化考核机制，实行强化契约管理、岗位聘任制等一系列手段，"三项制度"改革工作初见成效，进一步健全了市场化用工和薪酬分配制度，在收入"能增能减"方面取得突破，加强了劳动合同管理、促进了人员合理流程、规范了人力资源管理机制，增强了员工的市场化意识与危机意识。通过建立完善系统的绩效管理体系，实现了组织、人员、专业全覆盖考核，有效调动了员工的积极性、主动性、创造性，亳州公司管理基础进一步夯实。

　　考核在公司内部营造了比学赶超的积极氛围，进一步增强了企业的竞争力，提升了公司的经营效益。公司整体运营态势稳步上升，企业效益明显提升，用电量持续增长，客户满意度不断提高，树立了良好的供电服务形象。

三、"子改分"的新体制

　　"子改分"工作是国网供电公司响应党中央、国务院以及国资委促进中央企业"瘦身健体"、提质增效、深化供给侧结构性改革的重大举措。亳州供电公司坚决拥护国网公司决策，积极配合省公司工作，严格落实"子改分"工作要求。"压缩管理层级、精减法人数量"是"子改分"工作的核心内容，是提升企业发展质量和管理效益，增强企业活力、竞争力和抗风险能力的重要措施，对于公司的长足发展具有十分重要的意义。

在"子改分"工作开展过程中，亳州公司格外慎重，多次召开会议说明"子改分"的积极意义，并研究讨论具体实施方案。在实施过程中对上及时汇报、对外主动协调、对内统筹调度，有序推进"子改分"工作。2015年2月11日，公司召开会议并全票通过"子改分"实施方案，方案明确成立"子改分"领导小组，要求各县公司各部门每周汇报工作进度，督办重点任务，并通过梳理任务清单，制定"子改分"操作指引，细化重点任务。

在实施过程中，亳州公司指导三县公司积极与地方政府沟通，实行向地方政府专题汇报的沟通策略，重点从有利于电网建设发展，有利于服务地方政府、服务地方经济等方面做好汇报沟通。地方政府在"子改分"工作中发挥着至关重要的作用，公司牢牢把握这一关键点，在吃透政策、精准测算的基础上，高频次、多维度地向地方政府有关领导及财政、工商、税务等部门汇报沟通，最大限度地赢得了各方的理解和支持。对于公司内部则施行分级负责的策略，有效促进各部门之间的沟通协调，上下协同，提升效率。工作实施后，公司成立专门的办公室，与省公司相关部门联系人进行有效的交流，并建立常态工作机制，及时协调沟通工作中的问题，并将一些部门的有成效的经验向其他部门介绍、推广，定期向省公司报告工作情况和问题，保证工作进度和成效。

在亳州公司的统筹安排指导下，在各县公司积极配合执行下，市县公司共同努力，"子改分"工作顺利开展。2015年12月，涡阳、蒙城、利辛公司分别从县市场监督管理局取得营业执照（三证合一），完成分公司工商注册登记，这标志着分公司的法律地位得到确认。

2016年3月至4月，国网涡阳、蒙城、利辛县供电公司陆续完成了国税、地税以及工商注销，这标志着国网涡阳县供电公司、国网蒙城县供电公司、国网利辛县供电公司作为省公司的子公司正式注销。

"子改分"工作开展以来，亳州公司严格贯彻落实省公司"子改分"工作部署，超前研究、完善机制、科学实施，"子改分"在其发展过程中具有里程碑式的意义。

四、"一体四翼"的建立

国网公司以习近平新时代中国特色社会主义思想为指导，研究提出"一业为主、四翼齐飞、全要素发力"发展总体布局，明确电网业务是主体，金融业务、国际业务、支撑产业、战略性新兴产业是"四翼"，"一体"与"四翼"有机连接、高效协同、相互促进、相互赋能，共同构成公司高度统一的业务整体，全面体现了服务大局的政治性、系统谋划的战略性、尊重规律的科学性和前瞻布局的先进性，为安徽公司高质量发展提供战略指引。

220 千伏武集输变电工程

安徽省电力公司认真贯彻落实国网战略目标，对照国网公司"一体四翼"发展布局，深入研究，细化分解，科学制定 20 项重点任务、66 条具体举措，奋力做好"等高对接沪苏浙、加快融入长三角""新型皖电、低碳江淮""推进内部市场改革、数字驱动质效提升""皖电创新品牌建设""智慧能源示范区建设"五大特色实践，努力在国网"一体四翼"发展布局落地实践中乘势而上，打造新阶段皖电特色样板，建设出具有中国特色的、国际领先的能源互联网企业和一个经济强、百姓富、生态美的现代化美好安徽。

"一体"即电网业务，是公司发展主导产业和主营业务。重点实施绿色发展、智慧赋能、安全保障、卓越服务、价值创造"五大提升"工程，全面落实国网公司碳达峰、碳中和工作部署；加快实现源网荷储互动、多能协同互补，促进能源生产清洁化、能源消费电气化、能源利用高效化；强化电网、设备、网络安全，提升管控水平，建成安全管理体系，推进安全治理体系与治理能力现代化；全面提高供电服务品质，增强客户服务体验，提高供电服务能力；挖掘生产经营潜力，推动技术、管理降损，提升资产运营效率，提高电网设备利用水平，推进基础资源共享运营，打造共建、共治、共享的能源互联网生态圈，实现新型皖电"三强三优"（安全强、技术强、带动强、服务优、效能优、业绩优）目标。全力打造"四个新高地"（电网安全发展新高地、长三角绿色发展新高地、长三角能源互联网建设新高地、乡村振兴战略实施新高地），加快电网向能源互联网升级，推动构建新型电力系统。

"四翼"是指战略性新兴产业、支撑产业、国际业务、金融业务。战略性新兴产业重点围绕能源互联网产业链供应链，立足能源根本、数字赋能、资源禀赋基本定位，聚焦战略基础性、关键技术集成创新、商业模式创新、未来产业四大领域，统筹发展安全，优化资源配置，强化开放合作，创新体制机制，着力提升基础支撑力、市场竞争力、价值创造力、产业带动力，全力打造战略性新兴产业集群，实现融合化、集群化、生态化发展。支撑产业重点聚焦科研支撑、能源互联网技术、服务保障、软实力建设四大业务，坚持优势互补、突出重点、分类实施、协同共进、创新驱动五大原则，推动支撑产业创新力、创造力、保障力、软实力"四力"全面提升，持续为公司高质量发展、能源互联网建设、大电网安全运行、人才队伍培育、品牌价值传播提供坚强有力支撑。金融业务重点坚持根植主业、服务实业、以融强产、创造价值的发展定位，以畅通产业链循环为主线，深化产融协同，创新发展绿色金融，将公司资源、要素等优势辐射到产业链上下游，为国网公司金融业务高质量发展提供坚强属地支撑，为全省地方经济高质量发展和实体经济快速复苏提供高效金融服务，为公司高质量发展提供可靠金融保障。国际业务重点以服务国内国际双循环和"一带一路"倡议布局为核心，积极参与国际专利标准申报、境外能源基础设施建设、国际技术交流合作和国际化人才培养储备等国际业务，努力开拓国际市场，推动公司先进技术、专业标准、施工力量等优势资源"走出去",助力国网公司提升能源行业国际影响力、打造"一带一路"央企标杆。

涡阳供电公司施工人员为涡阳县阳港产业园敷设地下电缆

国网亳州供电公司以省公司《"一体四翼"发展布局总体方案及专项行动计划》为指导,以"一体三化"现代能源服务为抓手,明确责任,加强过程督导和管控,强化衔接联动,健全管控机制,定期跟踪重点任务进展和关键节点指标完成情况,协调解决工作推进中遇到的各项问题、形成闭环。找准着力重点,全面发挥创新人才、数据等要素作用,抓好各项举措落地落实,开展了地区新能源消纳专题分析,配合完成地区平价风电并网工程项目前期工作。建成新能源并网合规系统,实现并网手续"一站式"线上办理。推进新能源承载力分析平台部署,实现地区新能源承载力滚动分析,开展新能源场站上门服务,新能源消纳率始终保持为100%。积极落实整县屋顶分布式光伏试点有关部署,主动配合完成分布式光伏试点县申报工作。强调"要把综合能源服务业务作为重要抓手,把电动汽车服务业务作为重要领域,以典型示范项目作为工作载体,努力打造一批标志性、'叫得响'的成果和品牌"。推动电网向能源互联网升级,助推"一体四翼"布局在安徽取得实效。

国网"一体四翼"发展布局在公司有效落实落地后,一个布局合理、各具特色、协同高效、价值突出的高质量业务发展格局加速形成,电网支撑新型电力系统构建的作用价值初步彰显，公司发展质效实现新的更大提升，经营业绩实现新的更强突破，初步建成能源互联网产业生态，有力支撑了国网公司初步建成具有中国特色国际领先的能源互联网企业，服务全省碳达峰、碳中和的目标。

第二节　基础建设　硕果累累

党的十八大以来，亳电公司坚持以习近平新时代中国特色社会主义思想为指导，立足新发展阶段，贯彻新发展理念，构建新发展格局，大力践行"三先"工作理念，以项目建设为主线，圆满完成了一系列电网建设任务。

一、电网建设全面铺开

2012 年至 2021 年，公司新建 35 千伏及以上电网项目共计 95 项，建成输电线路 1948.7 千米及变电容量共计 571.6 万千伏安，在技术管理、安全质量、结算造价、依法合规、队伍管理及信息化管理等方面成绩显著，实现了从"跟随"到"领跑"；未发生人身伤亡事故及三级（含）以上质量事件；全部新建工程达到优质工程标准，达标投产考核通过率为 100%；打造了一批精品示范工程，实现竣工工程结算精准高效，完成率为 100%。

2012 年以前，亳州区域高电压电网一直是单电源供电，随着亳州经济社会的发展，这种高压单电源供电模式已不满足发展需要。每年电力大负荷期间，亳州区域就会出现用电紧张局面，电力设备大部分超重载运行，电网运行风险日趋严峻，公司服务压力日趋紧张，社会用电矛盾日趋突出。

亳州供电公司一是加快优化高电压电网布局，筹划高电压项目建设。积极向亳州市政府、安徽省电力公司汇报，争取到政策和经济支持。集中公司力量，加

无人机巡视 220 千伏线路

快推进项目进度，保障项目按时按质投产。二是深度挖掘现有资源，保障供电质量。建立重要时段保电机制，针对重要保电设备安排精兵强将现场"严防死守"，提高设备巡检频次，防止设备故障造成客户停电。三是充分与客户沟通，分时分区限电。制订详尽限电方案，及时报备政府部门。积极与客户沟通限电事宜，达成一致意见，保障社会稳定和电网安全。

2012 年 220 千伏魏武输变电工程顺利投运，使得亳州高电压运行方式调整更加灵活，区域供电能力显著提高，有效缓解了亳州区域用电紧张局面，使亳州区域高电压电网建设迈向坚强智能电网时代。

2014 年，建成投产 220 千伏赵桥变和 110 千伏大杨变、乐行变、魏岗变等输变电项目，220 千伏漆园变等 4 项输变电工程开工建设。220 千伏涡谯 2766 线路、焦涡 2719 线路跨接改造，建改高压线路 180 余千米。110 千伏望月变和 5 座35 千伏变电站增容等项目完工，扩增变电容量 40 兆伏安。亳州市区实现 220 千伏环网供电，主网供电可靠性大幅提升，社会用电缺口得到填补，亳州电力供需达到平衡。2018 年，建成投运 500 千伏伯阳输变电工程项目，形成了 500 千伏供电主网架结构。

2020 年，连续 3 年实现 220 千伏变电站主设备零跳闸，主网设备本质水平大幅提升。推进变电智能建设，实现设备一键操作。随着公司电网建设的高速发展，变电站数量持续增长，运维人员增长有限，人员承载力和变电站运维工作量矛盾日益突出，传统的运维操作模式难以适应生产需求，变电运维智能化建设势不容缓。前期，通过对设备倒闸操作工作量、运维人员年龄结构、设备运行情况及施工停电方案等方面调研统计，确定在 220 千伏华佗变、220 千伏赵桥变及 110 千伏桐花变 3 座变电站实施一键顺控智能化建设试点。通过连续 2 个多月的紧张现场施工，现场改造 110 千伏隔离开关 51 组，加装带电显示装置 36 套，新增接收装置 9 台，新建顺控主机及五防系统 3 套，实现 220 千伏华佗变、220 千伏赵桥变、110 千伏桐花变 110 千伏设备一键智能化顺控操作。项目实施后，单一间隔的倒闸操作由传统操作的 2 小时缩短至 2 分钟，大大降低人员工作强度，提高工作效率和效益，提升电网供电可靠性。

2021 年，于 1981 年建成投运的 220 千伏涡阳变 110 千伏设备区构架、母线构架普遍存在风化严重、竖向开裂、钢筋裸露等情况，还存在不同程度的沿出线方向偏移，部分出线构架倾斜已超过 200 毫米。2014 年虽采用临时拉线处理，但是效果不理想，构架柱偏移角度逐年在增加。110 千伏设备区接地网腐蚀严重，亟须进行改造。因此，亳州公司对涡阳变 110 千伏构架进行改造：更换变电站 110 千伏配电装置场区破损、倾斜严重的构架，将原户外配电装置改造为 GIS 设备；对 110 千伏配电装置场区内原接地网及电缆沟进行改造，消除变电站 110 千伏配电装置安全隐患，确保变电站的正常、安全运行。

二、城农网改造持续深化

长期以来，与主电网相比，中国的配网、农村电网建设相对落后，低电压和供电卡口等问题一度成为制约农村经济发展的顽疾。由于没有充足、稳定、可靠的电力保障，大型规模农业生产和加工企业引不进来，农业生产爬不上"台阶"，引进的企业留不住，一些村民便外出打工谋生。随着人们生活水平以及电气化水平提高，此前不少农村电网已不能满足当地生产生活需求。

农网改造是"功在当代、利在千秋"的大事。随着亳州市辖行政区域的划分形成，亳州地区农村配网的投资和发展迫在眉睫，广大农村地区的供电可靠

崭新的农村配电台区

性需进一步提升。为加快农网工程建设，一代又一代亳电人奋斗在网改的征程上。

从 2012 年开始，亳州地区陆续开展农网工程建设，时称"一二期网改"，当时改造标准相对偏低，采用 10 米、12 米电杆和架空裸导线，配变容量一般选择 100～200 千伏安。随着时间的增长，农村负荷逐年增加，农网改造势在必行。

"十三五"期间，亳州投资 13.6 亿元，完成 10 千伏线路建设 1877.961 千米，低压线路建设 4653.401 千米，建改配变台区 3233 台，建改容量 791655 千伏安，改造户表 209571 户。通过改造配电网，线路重过载率由 43％下降到 9.4％，平均供电半径从 23.5 千米缩短至 6.75 千米，配变重过载率下降至 0.85％，低电压台区比例下降至 9.27％，农村户均容量由 1.1 千伏安提升至 2.4 千伏安。亳州公司累计入选省公司年度配电网精品工程 19 项，亳州 10 千伏岳坊变马庙 05 线李圩村王庄台区改造工程、利辛马店所 10 千伏大街 12 线小李集西台区改造工程分别荣获国网公司 2018 年度、2020 年度"配电网百佳工程"称号。公司荣获国网公司 2016—2017 年新一轮农网改造升级"两年攻坚战"先进单位等荣誉称号。

其间亳州地区开展村村通动力电、机井通电工程、贫困村电网改造等一系列惠农专项工程。

机井通电工程情况：完成 10 千伏线路建设 245.65 千米、低压线路建设 1543.08 千米，建改配变台区 818 台，建改容量 80250 千伏安，9390 眼机井全部实现通电。

小城镇（中心村）电网改造升级工程情况：完成 10 千伏线路建设 148.54 千米、低压线路建设 534.37 千米，建改配变台区 479 台，建改容量 155515 千伏安，改造户表 44143 户，涉及 180 多个村。

贫困村建设方面：完成 10 千伏线路建设 838.57 千米、低压线路建设 5332.50 千米，建改配变台区 1627 台，建改容量 49.01 万千伏安，改造户表 140594 户。

2021 年是全面建成小康社会决胜之年。农村电网改造作为重要民生工程，关系到脱贫攻坚、乡村振兴，关系到千千万万农民群众的切实利益，同时是扩大投资、促进经济平稳增长的重要举措，还须继续补短板、固成果。在提前完成新一轮农村电网改造升级任务的基础上，还应继续安排一定规模的农村电网投资，尤其是要对地方电网供区、贫困地区等薄弱环节加大投资力度，让人民群众拥有更多获得感。

各级项目管理单位多措并举，努力提升项目管理水平。第一，按月召开农网升级工程例会，及时传达上级会议精神，总结工作亮点，查找工程管理中存在的问题，布置重点工作和工作要求。同时通过专业例会上的点评，在各县公司形成了良性的竞争机制，人员工作积极性显著提高。按月编发农网升级工程简报，通报工程进度，及时协调解决存在的问题，为工程顺利实施提供保障。下达《农网升级工程里程碑计划》，要求县公司根据计划中时间节点要求，合理调配施工力量，保证工程建设质量，按计划完成农网升级工程建设任务。通过各项管控措施，亳州市农网升级工程均能按照省公司要求的时间节点完成建设任务，工程进度各项指标在全省前列。

第二，强化管理、确保施工安全。严格落实现场工作"两票三制"和"一票一卡"制度，强化施工安全风险意识，将《国家电网公司电力安全工作规程》《现场作业标准化管控规定》作为现场作业的核心安全制度，抓执行、抓落实。加强"两票"管理，严格"两票"制度执行，县公司梳理停送电联系制度，进度绝对服从安全。加强施工队伍和施工人员资质审查，常态化开展农网施工现场安全督察，确保了农网升级工程安全有序进行。

第三，注重质量，打造精品工程。为更好地贯彻落实网省公司农网"百佳工程""精品工程"的工作要求，市公司按月组织开展农网月度精品工程观摩评比活动，加强了工程质量的过程管控，使每个工程项目都能够按照精品工程的要求精心建设。通过观摩评比，形成了促进度、出精品、争先进的良好氛围，也让县公司在观摩评比中相互学习、相互交流、取长补短，全面推进农网升级工程典型模式应用，促进各县公司农网工程质量管理共同进步。

第四，超前评审，项目科学可行。为加强项目的计划管理，增强农网升级工程项目的可行性，增强投资规模和建设规模的准确性，公司自 2011 年已连续多年坚持项目初设评审制度，目前已对列入 2014 年升级工程项目库的 193 个项目评审完毕，通过对项目初设评审，保证了项目建设的必要性、合理性、前瞻性，对各公司编制 2014 年升级工程计划提供了精准依据，同时保证了物资采购的准确性，从源头上将建改规模的变更概率降到了最低。

第五，常态督察，提升工艺质量。常态化开展农网升级工程督察工作，农网办经常深入农网工程施工现场，加强施工质量的过程管控，督察施工安全、建改方案、工程进度、工艺质量、涉农收费等问题，对工程存在的问题下达督察反馈意见，下发督察单，限定整改时限，闭环复查一盯到底，确保问题能够得到整改落实，类似的问题不再重复发生，确保工程按时按质完成。

公司电网建设成绩斐然，同业对标专业排名在省公司多次名列前茅，并多次荣获"基建工作先进集体""造价管理工作先进集体"等荣誉称号。公司将继续在"十四五"期间干出新精彩，创造新业绩，为建设具有中国特色的能源互联网企业不断奋斗。

第三节　党建引领　文化传承

一、全国文明单位

国有企业是国之重器。新时代新征程，国有企业是推动高质量发展的重要力量。而加强国有企业精神文明建设，增强企业发展的凝聚力，将为打造高质量国有经济提供重要的精神力量。

近年来，公司以开展榜样引领、讲好微型党课、志愿者服务活动为抓手，把文明创建始终贯穿工作全过程，积极营造崇德向上、干事创业的浓厚工作氛围。

公司多次举办先进典型事迹报告会，用身边的人讲身边的事，用身边的事教育身边的人，引导干部职工学习公司"中国好人"庞朝栓、康士彪扎根基层、爱岗敬业、无私奉献的精神；持续深化先进典型培树，开展"身边好人""最美亳州电网人"等先进人物评选，尤其是以"文明部室""文明站所"达标创建为重点开展系列活动，营造了学好人、讲奉献、当好人的浓厚氛围。

微型党课作为党课创新的形式，为基层党组织搭建了理论宣讲、凝心聚力的平台。它以简洁明快、以小见大的形式，通过身边的典型小事娓娓道来，让广大党员的心灵得到净化，激发党员的学习热情，增强党员的责任感和使命感。强化形势教育任务，上好微课党课，讲好电网故事，微型党课已成为亳州电网人渴望聆听的一场场"精神盛宴"。2017年以来，公司各单位开展微型党课、支部书记讲党课共计2219场次，参与人员7830人。此外公司领导班子先后到基层讲党课，查找基层在环境建设、日常管理、关键岗位、营配融合等各方面的问题，拿出落实对策。

2012年以来，公司"药都之光"共产党员服务队积极开展志愿者服务活动，落实党员服务队"百千万"工程，分专业回应客户普遍关注的热点问题，深入药企、酒企、贫困村等讲解电能表使用常识，义务巡视高压设备，传授设备运维技能、开展安全用电宣传，得到广大客户的高度认可。此外公司党委关注留守儿童成长成才，与五马镇八里小学共建光明驿站。7 年间，公司对接开展义务支教、帮扶捐助、实践追梦等主题活动 11 次。

公司按照"党委统一领导、党政齐抓共管、部门分工协调、职工全员参与"的方式，打造了人人有责、人人尽责的精神文明创建氛围，系统推进全国文明单位创建工作。创建中紧紧围绕公司中心工作，动员和组织全体干部职工广泛参与文明单位创建活动，大力培育新时代文明道德新风尚，全面提升职工文明素质和文明程度，推动公司工作再上新台阶。公司 5 次荣获"安徽省文明单位"称号，2017 年获评"全国第五届文明单位"。

二、三支队伍

近年来，公司党委坚持以习近平新时代中国特色社会主义思想为指导，深入实施"旗帜领航·三年登高"计划，接续推进党建巩固提升年、创新拓展年，狠抓党支部书记、党务工作者、党员"三支队伍"管理，加强基础建设，实施对标管理，推进创先争优，着力巩固成效。公司系统各级党组织的组织力、凝聚力、战斗力显著增强，党建工作引领力、价值创造力不断提升。

打造"领头雁"基层队伍，发挥引领作用。公司党委紧抓"支部书记带头人"这个关键少数，坚持精准选配与管好用活相结合，运用"选、培、用、管"四步法，倾力打造高素质领头雁队伍。一是拓宽"选"的渠道。公司党委依据"个人自荐＋组织推荐"结果，实施市县一体化联审机制，遴选扩大党支部书记带头人队伍，组建 16 人党建柔性团队，颁发选聘证书，组织签订支部书记带头人 10 项业绩承诺书，着力培养一批党建业务骨干，不断夯实基层党建基础。二是融合"培"的方式。制订年度培训计划，建立支部书记带头人示范培训和党务人员轮训结合的分级培训体系，依托线上线下教育平台，整合集中教育、专题辅导、现场指导、情景演练等各类培训方式。参与党建重点工作研讨交流、试点应用，全面启动支部书记大讲堂，引领支部书记带头人能力素质提升。三是搭建"用"的平台。带头人队伍参与研讨本部 13 个"初心建功"立项工程，修改审定 24 个支部特色创建方案，"把脉会诊"支部评星定级方案和党员积分制细则，充分发挥带头人队伍"智囊团、参谋部、主心骨"作用。结合《中国共产党国有企业基层组织工作条例（试行）》再对标，全面完成党支部评星定级和50个新建供电所党支部党建体检工作，不断巩固党的建设"旗帜领航·三年登高"成果。四是创新"管"的机制。实施"重点项目市公司统筹安排，日常监督各单位分层把控"模式，实现支部书记带头人队伍交互式管理；细化推行"一人一岗一承诺"，实现队伍差异化管理；建立支部书记带头人定期汇报制度，推行积分制考核评价，实现队伍能上能下的动态化管理，2020年涌现出以支部书记刘杨为代表的国网抗疫先进个人和以支部副书记李子杰为代表的全国劳动模范，支部书记队伍活力不断增强。

抓好党务工作者队伍，督促履职尽责。基层党务工作者是党组织发挥战斗堡垒作用的中坚力量，建设高素质党务工作者队伍，有助于基层党建工作取得新成效。一是在抓好队伍上增力量，配强党建工作专门力量。2018年至今，公司112个基层党支部全部完成换届选举，配置专职书记61人、兼职书记51人。市县一体化选树33名党建指导员，以"三看三问三指导"为内容，通过列席支委会、党员大会及党小组会，发挥党建标准化的"辅导员"、企情民意的"调研员"作用，2021年至今已对市县公司80个党支部工作进行指导。二是在任务落实上抓实效。公司党委建立前端与后台配套相融合的"月度党建例会"和"月度党建重点工作"双平台。基层党组织根据"组织生活、品牌立项、问题销号"等工作安排，每月在月度重点工作平台发布党建重点工作，公司党建部门进行备案，并审核是否存在缺项、漏项等情况，全面掌握和督导各级党组织党建工作落实情况。"月度党建例会平台"指定重点发言单位、集中收集意见建议，由"聆听汇报"转变为"经验分享"，由单向"压力施加"转变为双向互动"答疑释惑"，强化重、难点工作管理调度，厘清各级党组织在关键节点（如月度、季度、年度）的目标任务。各级党务工作者作为直接责任人认领任务，将工作任务完成情况纳入月度组织绩效考核和年度综合考评，使压力层层传导，不断提升个人履职能力。

培养高质量党员队伍，激发主体动能。2019年公司运用"五步法"在省公司系统率先完成257名退休党员组织关系平稳转接。市县公司514名农电党员回归系统，农电转接"问路""铺路""指路""引路"的"四路探索法"被省公司报道。公司党委始终把加强党员队伍建设作为夯实基层党组织基础的固本之策。一是党员队伍建强。严格落实发展党员制度和程序，重视在基层一线、青年职工和高知识群体中发展党员，动态消除空白党员班组站所，逐步消除非党员供电所长。2020年以来市县公司共发展党员35名。二是党员管理全覆盖。加强党员教育管理，依托国网公司党建信息化平台，从严落实党内7项组织生活制度，实现党组织生活和党员教育管理线上线下全覆盖。以"211工程"为抓手大力推进"讲政治 做奉献 当典范"专项行动，逐步实现由党员自发地发挥作用向有组织地发挥作用转变、由少数党员干部做群众工作向广大党员做群众工作转变，充分发挥党员先锋模范作用，促进广大党员成为"四讲四有"合格党员标准的模范践行者。三是常态教育下功夫。定期做好员工思想动态调研，创新开展"大谈心、大走访"活动，引导党员坚守意识形态主阵地，坚定理想信念，增强党性修养，为锻造坚强有力的党组织战斗堡垒打下坚实基础。

一名党员就是一面旗帜、一个岗位、一份奉献。"共产党员要身先士卒，把咱们的党员身份亮出来、党员的责任扛起来！"2020年11月3日，220千伏焦楼变开关柜检修的现场，亳州供电公司变电检修中心安全督导人员将一张张鲜红的"党员在岗 安全保障"标识贴在了在现场党员的胸前。

党的建设永远在路上。安徽亳州供电公司还将通过进一步提升现场作业安全管理水平，积极探索"党建＋生产"模式，持续推进"四个一"活动，将基层党建与生产现场深度融合，充分发挥党员先锋模范带头作用，以党建引领全力助推安全生产。此外，安徽亳州供电公司还积极探索"党建＋"项目助推现代智慧供应链应用，通过不断深化现代智慧供应链应用，将场景业务应用嵌入"党建＋物资供应全链条管控"项目，以推进项目工程落地，促使业务应用常态化。目前公司现代智慧供应链建设部分业务相对密集的试点场景已初显成效。不断强化提升物资从业人员现代智慧供应链系统的应用水平，为电网物资管理向更高质量、更有效率、更具智慧方向发展打下坚实基础。

在党建引领下，公司先后荣获"安徽省文明单位""全国文明单位"等称号，1人被评为"全国劳动模范"，2人荣获"中国好人"称号，1人获得"国网抗疫功勋个人"称号，2人荣获"国网公司优秀党务工作者"称号。

三、四有党建

党的十九大对推进新时代中国特色社会主义伟大事业和党的建设新的伟大工程作出全面部署，提出新时代党的建设总要求，推动全面从严治党向纵深发展。

面对高标准、严要求，公司党委强化问题导向，重视解决问题，既继承长期以来实践证明行之有效的做法和经验，又探索管党治党的创新方法，坚持围绕发展抓党建、抓好党建促发展，把党的领导、党的建设贯穿公司改革发展全过程，着力增强党组织政治功能和组织功能，建强战斗堡垒，强化先锋引领，促进党建工作与生产经营深度融合、同向聚合，把党的政治优势、组织优势和工作优势更好地转化为企业创新优势、发展优势。

公司党委对照国有企业"六个力量"新的历史定位，锚定"坚定不移把国有企业做强做优做大"的总体目标，紧跟时代节奏，立足工作实效，突出行业特色，创新载体方法，积极拓展国企党建的深度、广度和宽度，探索形成"党委有力、支部有用、党员有样、党建有效"的党建工作体系，持续推进党建工作与中心任务的深度融合，探索出一条国企党建全方位提升与业务高质量发展深度融合、同频共振、同向发力的良性发展之路，彰显了"党建强、发展强"的强劲势头。

一是抓党委有力。政治责任扛在肩，制定覆盖班子成员、各级党组织书记的党建工作责任清单，落实党建工作责任制。动态调整领导班子党建联系点和所在支部，实现一届任期全覆盖，持续完善并坚决执行党委议事规则、"三重一大"管理办法，发挥党委把方向、管大局、促落实的作用。2021年上半年召开党委会28次，研究77项重大事项，其中党建工作31项。党史学习走在前，将及时跟进学习习近平总书记重要批示指示精神作为党委会第一议题，开展党委会及时跟进学、中心组结合深入学。教育实践做得实，公司党委中心组成员和本部党支部书记赴革命老区泾县、金寨以"红色追寻·共修党心"为主题开展了为期6天的现场培训读书班活动。公司两级领导班子成员开展讲党课活动35人次；举办各类读书班14期，读书班参与195人次，读书班研讨发言126次。

二是抓支部有用。继续深化"1223"党建工作办法，即建立一项支部委员会议事规则，用活月度党建重点工作和月度党建例会两个平台，完善党员积分制和支部积分星级评定制度，实施支部书记带头人、党建指导员和民主生活会督导员三级管控机制。议事有实效，结合实际修订机关党支部、运检营销党支部、供电所党支部议事规则，确保支部发挥实用实效，实现"政治功能＋业务功能"互融互促。支部有竞争，通过列支科目、指标量化、对标赋分、党建柔性团队复核校对发布，最终确定各支部积分情况。2020年市县公司101个党支部被评定为一星至五星党支部，其中四星级以上党支部20个，占比为20.8％。平台有亮点，加强党建大数据分析，承接省公司"党小慧"智慧党建终端系统应用开发，促进党建工作数字化、互动化转型。过程有指导，市县一体化从二线干部、在职支部书记、青年党员骨干、党建专责中选树 33 名党建指导员，以"三看三问三指导"为内容，通过列席支委会、党员大会及党小组会，发挥党建标准化的"辅导员"、企情民意的"调研员"作用，2021 年至今已对市县公司 32 个供电所的党建工作进行指导。

三是抓党员有样。建强党员队伍，严格落实发展党员制度和程序，重视在基层一线、青年职工和高知识群体中发展党员。以"211 工程"为抓手大力推进"讲政治 做奉献 当典范"专项行动，逐步实现由党员自发地发挥作用向有组织地发挥作用转变。抓实党员教育，"线上＋线下"层层推进党史教育，实现市县公司党员学习全覆盖，参与党史学习 6000 余人次。利用泾县、金寨、岳西、皖北烈士陵园、市国防教育基地、涡阳辉山烈士陵园等革命教育基地，组织开展以"红色基因·电力传承"为主题的主题党日活动。82 个党支部的 862 名党员在革命教育基地中聆听党史故事、重温入党誓词，增强攻坚克难的锐气和斗志，赓续党的精神血脉。发挥先锋模范作用，注重在党史学习教育实践中发掘先进典型，已有多人获得国家电网"脱贫攻坚先进个人"、安徽省"优秀党务工作者"等称号。

四是抓党建有效。突出为民办事，聚焦政府关切、社会关注、群众关心的热点、难点问题，开展"百千万"工程，即为百家药、酒、乡村振兴企业，千名老党员、老兵、劳动模范、鳏寡孤独等"特殊"用户，开展万次电力隐患排查志愿服务。已对 36 家企业、567 户开展上门服务，发现隐患 215 处，协助用户解决215 处，完成 4320 人次的服务，发放党史教育卡片 736 张、安全用电画册 736册。聚焦供电保障，深入开展"为民服务建新功"活动。上半年全市完成了 8 组10 千伏开关柜的"用户无感"综合检修，城区业扩不停电接火率为 100%，复杂类作业县域全覆盖。公司配变停运率全省降幅最大，由第 14 位提升至第 7 位。助力地方发展，深入开展优质服务"惠民生"专项行动。为小微企业节省办电投资及后续运维费用 1200 万元，为大中型企业节省办电投资及后续运维费用 2100万元。与园区管委会共建 10 千伏线路，减少客户投资 5700 万元。助力亳州市"获得电力"指标由 2019 年全省第 16 名提升至 2020 年第 5 名。注重政企协同，深化实施"一党委一品牌、一支部一特色"的"党建＋"工程。成立木兰变临时党支部，建立政企党组织联建联创机制，与天祥药业、修正集团、裕隆亚东药业

3 家单位结为党建联盟，以党建引领促进共同成长，将党建优势转化为发展优势。

随着公司党建工作不断迈上新台阶，全面从严治党成效显著，公司上下政治旗帜鲜明、思想统一、组织建设坚强有力、工作作风务实高效、纪律规矩意识不断增强，党组织战斗堡垒和党员先锋模范作用不断彰显，强党建促发展氛围浓厚，党建优势不断转化为推动企业改革发展的强大动力。

2020 年以来，公司党委获得安徽省公司"红旗党委"称号、亳州市"脱贫攻坚先进单位"称号，1 个党支部获得国网公司"先锋党支部"称号，2 家基层单位获得亳州市"'三大攻坚战'先进集体"等多项荣誉称号，交出了一份亮眼的发展成绩单，为全省国网供电系统贡献出党建工作的"药都"样板。

第四节　人才成长　团队培育

一、科技创新

党的十八大以来，党中央高度重视科技创新、管理创新，大力实施创新驱动发展战略，开启了建设科技强国的新征程。国家电网有限公司认真贯彻党中央决策部署，加快建设坚强智能电网，开展核心技术和关键设备攻关，持续推进科技创新。亳州公司积极落实省公司科技工作决策精神，持续加大科技创新投入，坚持自主创新，以解决工作中的实际问题为出发点，瞄准网省公司重大战略需求，在智能运检、电力系统自动化、电网分析与控保等领域攻坚克难，取得了显著成效，为地区电网升级发展提供了坚强的科技支撑。

2010 年，国网加强知识产权成果布局保护工作以后，亳州公司积极组织优秀创新成果进行专利申报，但均因创新性、新颖性不足等无法顺利获得专利授权，长时间未能在专利授权方面实现突破。2011 年 7 月，以冯志华为核心的创新团队开展关于消除线夹接头过热装置的研究工作，并在 2011 年 8 月 3 日完成专利编写，提交"Y 型复合设备线夹"和"U 型导流板及设有 U 型导流板的设备线夹"2 项实用新型专利申请。2012 年 2 月 1 日，2 项专利均获得授权，公司在知识产权方面实现零的突破。这 2 项专利的授权，坚定了公司创新工作者的信心，掀开了公司专利等知识产权成果迅速积累的序幕。近年来，公司年均新授权专利保持在 25 件以上。

2012 年，公司立项开展"全功能耐张绝缘子更换工具的研制"群众创新项目，装置研制出后经现场应用受到工作人员一致好评，显著提升耐张绝缘子更换工作效率。该项目成果的应用促进了科技创新成果在基层的落地，同时掀开了科技创新工作在一线工作人员面前的神秘面纱。从此在广大一线工作人员的努力下，压接式设备线夹电动破拆工具、智能套筒操作杆和绝缘电动工具、一种 90°塑形线夹等立足解决工作实际问题、提升工作效率的小发明、小创造层出不穷，科技创新在公司的影响范围和力度逐步增大。

公司获得安徽省科学技术奖

随着智能电网建设的不断推进，GIS 设备应用越发广泛，其肩负着控制和保护的双重任务，如果电网在运行过程中发生了故障又得不到及时处理，将有可能带来严重的危害。为高效精准地对 GIS 设备局部放电开展在线监测，2013 年公司与上海交通大学合作开展"基于半内置式 UHF 传感器的局部放电检测方法研究"省公司科技项目。作为首项公司与高校合作研发的科技项目，项目研制了 GIS 局部放电分布式状态监测系统样机装置，并在 110 千伏薛阁变试点应用，成功解决了 GIS 设备早期潜在的绝缘缺陷难以被发现的难题。该成果先后获得省公司科技进步二等奖、省公司专利奖一等奖等荣誉，并在 2018 年度获得安徽省科技进步二等奖，实现了公司省部级科技奖励的突破。截至目前，公司已与上海交通大学、中国科学技术大学、合肥工业大学等知名高校建立了长期合作关系，将高校的理论创新和公司现场应用创新相结合，形成了"产学研用一体"的科技创新体系，助力公司科技创新成果质量和等级不断提升。

公司职工获得安徽省专利优秀奖

为调动广大员工的积极性和创造性，促进科技创新工作业绩提升，推动公司创新发展，公司在 2012 年出台了《亳州供电公司专利管理办法》，在规范专利申请、应用等环节的同时，首次设置了专利成果专项奖励。之后该办法不断修订完善，逐步将科技获奖、论文标准等创新成果纳入奖励范畴，形成了现在执行的《国网亳州供电公司科技创新成果奖励实施方案（修订）》。同时，公司在组织绩效考核集体荣誉加分中不断加大科技创新成果专项奖励力度，充分激发广大员工创造活力，推动科技创新工作不断进步。

为了进一步提升公司特别是基层班组创新能力，营造良好的创新氛围，完善有效的创新机制，打造公司"创客空间"，发挥党员在创新工作中的示范作用，在党员的带领下，公司组织一线创新能手有效解决基层技术难点，全面激活全员创新热情，最大程度推动企业发展。"创客空间"从企业发展实际需求出发，整合公司互联网办、发策部、党建、劳模创新工作室和基层工区的创新资源和力量，在科技创新、技术创新、管理创新、质量管理小组活动和职工创新等方面多方位、多视角进行创新创意收集、课题研究、头脑风暴式的研讨、成果培育和推广应用，重视原始创新，更重视集成创新和引进、消化后的再创新，将此打造成公司党员创新高地、职工的创新活动家园、先锋模范的培养基地和公司的创新展示窗口。2019年以来，公司开展"创新大讲堂"等活动，由青年党员轮流做讲师，采用头脑风暴的形式，结合岗位进行专业基础知识培训，应用创新的理论和方法去解决实际问题，推动创新活动的扎实、有效开展。

公司职工获得国家电网有限公司优秀 QC 成果三等奖

2020年8月，公司变电检修中心成果《研制变压器有载分接开关油样抽取装置》经过激烈角逐，在国网公司、南方电网、五大发电集团、电力设备制造企业、电力设计施工企业等近千支队伍中脱颖而出，斩获全国电力行业"2020年度质量创新成果特等奖"，为国家电网公司赢得了荣誉，用创新实力在全国电力同行面前展示了亳州公司的巨大进步和亳电人的卓越风采。近年来，公司大力践行"三先"工作理念，公司领导靠前指挥、深度参与创新工作，通过搭建创新平台、构建创新生态、打造柔性团队、坚持问题导向实施全员创新。在公司上下共同拼搏下，创新工作历经落后、对标、达标到立标的"涅槃蜕变"。创新工作的蓬勃开展，有力支撑了各专业的管理水平提升，培养锻炼了一批优秀专家、业务骨干。

截至 2021 年 7 月底，公司累计取得 25 项发明专利、180 项实用新型专利、2 项外观设计专利及 9 项软件著作权授权。2012 年至今，公司共获得安徽省科技进步奖 2 项、安徽省专利奖 1 项、省公司科学技术奖 11 项、省公司群众创新奖 22 项，2018 年被评为省公司"科技环保工作先进单位"，2018 年公司科技创新成果指数全省第一，2020 年公司科技创新同业对标居全省第一，彰显了公司科技创新实力。

二、人才培养

人才是企业创新发展的核心要素和第一资源。亳州供电公司高度重视人才培养工作，不断扩大人才培养成果，建立人才培养长效机制，为人才成长创造机会、提供支持，帮助他们在岗位上施展才能、发挥专长。通过大力培养本土人才，善于发现年轻人才，不断为企业发展注入新鲜动力。

2016 年，公司组织各级各类优秀专家人才积极参加提升培训，当选各级优秀专家人才 34 人，其中省公司级优秀专家人才 10 人；当选各级优秀专家人才后备 41 人，其中国网公司后备 2 人、省公司级后备 15 人。省公司级及以上专家立足岗位，发挥骨干的示范引领作用，年度考核履职良好率为 37.5%，省公司合格率为 20.8%，位居前列。在各级专家人才的带动引领下，公司各相关专业工作得到有效开展，成绩斐然，员工队伍素质提升明显。全年共实施培训项目 35 个，培训班次 55 期，培训人次 2499 人次。加强职称评定和技能鉴定工作的组织管理，组织开展技师评审培训班 6 期。截至 10 月底，公司共拥有高级职称 43 人，中级职称 266 人，初级职称 471 人；高级技师 97 人，技师 186 人；高级工 209 人，中级工 222 人；中级职称申报 35 人，副高级职称申报 49 人。培训资源配置推进统筹有效。经省公司审核确认兼职培训师 54 人（中级 8 人、初级 46 人），新增中级兼职培训师 7 人、初级 29 人。

2017 年，开始实施"三鹰工程"。一是开展优秀专家人才业绩提升工程计划（金鹰工程）。注重专家人才的知识更新和技能结构的优化，督促符合条件的专家人才实行技术和技能等级的提升，为专家人才参与公司各项课题研究、技艺革新、管理创新、传授技能等任务提供专业平台。二是通过针对性培训（雄鹰工程），提升班组长综合素质能力、班组管理能力、专业技术能力。推荐优秀班组长参与优秀专家的选拔和评审。三是以教育培训推进新员工 4 年成长成才工程（雏鹰工程）。开展新员工岗前培训，优秀专家"点对点"地培养，提升新员工职业素养和岗位胜任能力。

2018 年，大力加强专家人才管理。加大对专家的考核和使用力度，实施严格的专家人才考核考评，完成各级各类人才（后备）76 人业绩考评。国网、省公司优秀专家人才（后备）27 人，考核合格率为 100％；地市公司级优秀专家人才（后备）49 人，2 人不合格，合格率为 96％。成立省公司级"电网检修专业技能大师工作室" 1 个、地市公司级技能大师工作室 2 个。这有效改善了公司高端人才职数和培训能力规范职数。年内完成 102 名中、高级专业技术资格的申报，其中高级申报 44 人，中级申报 58 人。组织市县公司 34 人参加高级技师评审，26 人获得高级技师职业技术资格。

2019 年，扎实推行"三鹰工程"，强化人才培养。一是创新专家人才使用，发挥"金鹰"引领作用。成立专家人才队伍，参与规划、设计、评审、验收，动态考核，实行段位排名制（"核心""骨干""优秀"各 5 名）和"逐级晋升"制，根据贡献度按月增发，季度调整。二是强化新员工入职管理，助推"雏鹰"起飞。推行新员工跨单位轮岗制度，派县公司新员工 12 人到市公司各专业轮岗实习 1 年，让县公司新员工接触高电压等级设备操作和运维技术，加快成长成才。对新员工参加国网培训情况进行考核并与待遇挂钩，市县公司11 名新员工在国网公司培训中获得"优秀"，占比为 52.38％。三是实施"核心＋骨干"激励模式，培育工匠精神。聚焦一线技能岗位，以积分为基础，按照 30％的比例每季度评选出价值高、贡献大的员工，月度增发，核心和一般员工收入差距达 2400 元，让"优秀工匠"收入真正高上去，激励基层一线员工争当"优秀工匠"。

2020 年，公司开展 2019 年度中、高级专业技术资格申报工作，完成 72 人中、高级专业技术资格申报。完成市县公司 54 人初级专业技术资格确认。组织开展 7 名省公司级专家人才年度业绩考核。配合开展省公司首席技能大师（技术专家）内部优化遴选，推荐 11 名首席技能大师（技术专家）候选人，其中 2 人进入省公司面试环节。深入挖掘职业成就典型案例 5 篇并上报。深化员工轮岗实习，促进新员工快速成长成才。

2021 年，公司制订《2021 年技术技能类专家人才实施方案》，成立公司层面专家人才工作领导小组和专业评审委员会，确定"十四五"期间地市公司级专家人才规模，确定分支专业市县公司专业条件、评价标准、选拔流程。明确时间节点，按照宁缺毋滥的原则，择优评选 5 名地市公司级专家人才，并上报省公司。完成 2020 年度职称申报工作，完成 45 人中、高级职称申报工作，其中高级申报 18 人，中级申报 27 人。加强新员工培养。完成 2020 年新入职员工 7 对导师带徒协议签订工作。固化新员工轮岗机制，持续开展市县公司 25 名新入职员工轮岗锻炼，实行墩苗培养。总结提炼变电检修中心"金点子计划""抖音课堂""每周一课"经验做法，并向三县推广。落实省公司跨单位人才交流锻炼要求，上报送出交流需求池 2 个岗位和 2 名送出人员。

三、员工关怀

2019 年，公司着手实施"和美家园"建设工作，以为职工办实事为抓手，积极解决职工所思、所急、所盼，在推动公司和电网高质量发展中增强职工获得感、归属感、幸福感。在公司党委带领下，在各单位的共同努力下，办实事工作在一些重点领域和关键环节上取得明显成效，公司上下劳动关系更加和谐、工作环境更加舒适、职工服务更加满意、职工队伍的向心力凝聚力更强，有力促进了公司稳步发展。

2021 年 6 月 16 日，印记·亳电职工书屋揭牌

3 年来，持续完善"全心、全力、全面、全方位"的"四全"服务保障体系，整合各方力量，聚焦职工美好生活向往，努力实现为职工办实事制度化、常态化、流程化。一是做好前期调查分析。年初，组织为职工办实事专项意见征询，开展 3 类材料汇总分析（职代会提案、总经理联络员意见建议、职工合理化建议材料），围绕职工所想、所盼，把准"职工所需、企业所能"结合点，提炼、确定年度为职工办实事项目。二是确保监督管控强力有效。对全年工作任务实施"挂图"作战，通过党建月度例会定期通报晾晒，邀请职工代表参与日常监督和项目完结验收，工作进展效果与组织绩效密切挂钩，充分调动责任单位工作能动性，全面提升落实能力，确保各项工作任务落地见效。三是自我加压显真情、见温度。在坚决落实国网公司、省公司办实事工作部署的基础上，根据公司职工诉求与自身实际，滚动增加个性化任务清单，大到劳模基地、智慧后勤（食堂）、文体中心、职工书屋、"五小"供电所建设，小到自来水接入、卫生间用品配备等局部诉求问题解决以及日常个人困难帮扶，累计实施为职工办实事项目 80 项，切实让职工看得见变化、感受到温暖。

建设中的职工文体活动中心（2021 年）

第五节 践行公益 造福公众

一、10分钟缴费圈

2010年以前，用电客户缴费必须到供电营业厅，当时170万用电客户要在半个月的时间内拥挤到营业厅缴费，缴费距离远、缴费时间长、营业厅排长队等问题十分突出，人民群众反映强烈。但受制于缴费系统为单机版的缴费系统，无法与银行、电信运营商做数据接口，故无法实现线上缴费。

2012年以来，亳州供电公司以客户需求为导向，以城市地区"10分钟缴费圈"和农村地区"村村有缴费点"为目标，以提供方便快捷的缴费服务为重点，以信息通信技术为支撑，以巩固发展现有缴费方式、大力宣传推广新型缴费方式为手段，合理部署拓展电费缴费方式，构建综合成本低、缴费效率高、服务效果好的居民客户缴费服务体系，全力打造了便民利民的服务平台。

2010年，公司营销SG186系统上线，为拓展缴费渠道提供了条件。公司制订了《国网亳州供电公司缴费方式拓展实施方案》，坚持拓展方案与着眼客户需要相统一的原则，坚持把客户满意作为检验和评价拓展缴费方式成效的首要标准，满足不同地区不同客户群体的多样化缴费需求。坚持集约化发展原则，按照市场原则，兼顾公平，实现缴费服务合作共赢和可持续发展，充分利用公共服务资源，实现集约节约发展。坚持现实与发展相结合的原则，城市地区"10分钟缴费圈"和农村地区"村村有缴费点"的内容、标准和规定要求，既按照现有工作基础和服务水平组织实施，又着眼未来的发展不断予以丰富、拓宽和完善。坚持科技进步和创新发展的原则，要依托科技进步，不断创新推广电费缴纳方式，推广电子、网上、手机电费缴纳方式，实现客户足不出户缴费。

公司积极寻找代收合作方，2011年7月首次与金色华联超市进行电费代收

电力自助缴费系统

合作，增加了 7 个电费代收点，当年代收就超过 2 万笔，获得了用户的广泛认可，标志着公司拓展缴费方式正式起步。

方便用电客户，提高用户满意度是公司长期的坚持。10 年间，公司一方面加快线下代收网点的布局，先后与移动公司、邮政公司、电信公司以及中国银行等 7 家银行建立了代收合作关系，市县公司共建立电费代收点超过 1500 个，基本实现了"农村村村有缴费点，城区 10 分钟缴费圈"；另一方面大力建设线上缴费渠道，于 2015 年与光大银行签订代收合同，实现了微信生活缴费，合作当年代收电费超过 810 万笔，占总收费笔数的 46%。2019 年以省级缴费平台为依托，加大电 E 宝、电费网银、网上国网等 App 推广力度，首次实现了高压用户的线上缴费。目前公司微信生活、微信公众号、网上国网、支付宝、电 E 宝、电费网银、银联刷卡、银行代收代扣等线上缴费渠道遍地开花，电费缴纳方式呈现出多元性、合理性等良好发展态势。

为做好缴费方式宣传，使广大用户熟知各种缴费方式，公司多渠道、不间断开展宣传推广工作。以疫情期间居民居家隔离为契机，对全封闭小区及村庄通过物业及村委会推广线上渠道，利用村委会小喇叭、楼梯口张贴等多种方式宣传线上缴费、办电、报修；积极推荐"亲情代缴电费"，利用麦收农忙返乡等时机，引导老人的子女、亲戚、邻居及客户经理帮助线上代缴电费。充分利用电话、微信、村广播、视频彩铃、群发短信等非现场方式，引导客户线上缴费。通过长期有效的宣传，辖区内用电客户基本掌握线上缴费方式，熟练掌握缴费操作，得到了广大用户的高度认可。

"不出门就把电费交了，互联网时代缴费真是太方便了！"家住市区刘元新村的王先生这样说道。这充分反映了公司多年来在缴费渠道建设方面作出的不懈努力。"10分钟缴费圈"建设，真正解决了用电客户缴费难问题，在提升公司资金归集效率、实现收费账务自动化处理、降低代收手续费成本、促进提质增效等方面取得了积极作用，获得了内外部的双重效益。

客户满意度不断提升，真正实现了足不出户即可轻松缴费，降低了用户缴费成本。因线上渠道的代收成本远低于线下成本，代收手续费成本逐年降低，2010年公司节约代收手续费85万元，同比下降41.06%；线上缴费率逐年提升，截至2019年底，公司线上缴费率达到99%以上，省内排名第一。

便利的手机缴费

二、互联网＋服务

全面实施收付款"省级集中"是国网公司2020年重点工作之一。收款"省级集中"取消市级电费账户，建立省级统一电费账户，打通银行与营销系统的资金流水信息通道，营销系统自动完成电费资金的清分与销根，技术上实现电费账务"省级集中"。

亳州市、县公司全面推行网格化服务，持续推广网上国网、微信公众号、支付宝等线上渠道，亳州公司线上渠道累计绑定户数1793440户，渗透率为75.74%。"网上国网"实现16项简单业务指上办理，满足了群众用电便利的需要。

2020年9月，亳州供电公司正式开展账务省级集约工作。一是开展专业培训，使电费账务人员、客户经理、催费员、营业厅人员均能清晰了解新业务的流程和优势。组织召开专题会议，向市县公司基层单位宣贯电费账务自动化相关内容，讲清楚工作的优点和必要性，通过宣贯提升各单位重视程度。通过培训和会议达到"思想统一、策略统一、行动统一、上下同欲"的目的。二是编制简化版的小"百科全书"，为各县公司、各班组提供规章制度、运转模式、账号管理、单据处理机传递规范、系统测试、宣传推广、实施关键点和难点等方面的知识点。三是根据客户分类，因户制宜开展推广工作，按日核查市公司账户入账明细，根据客户缴费方式、缴费习惯、集团客户属性及工作经验等信息，对客户进行画像，依据客户类型推广网上国网、电费网银、管家卡等方式，开展营业厅现金收费转换工作。四是开展现有缴费方式盘点，对不能进行账务集约的代收单位及时进行替代，确保所有代收能够实现集约化管理。

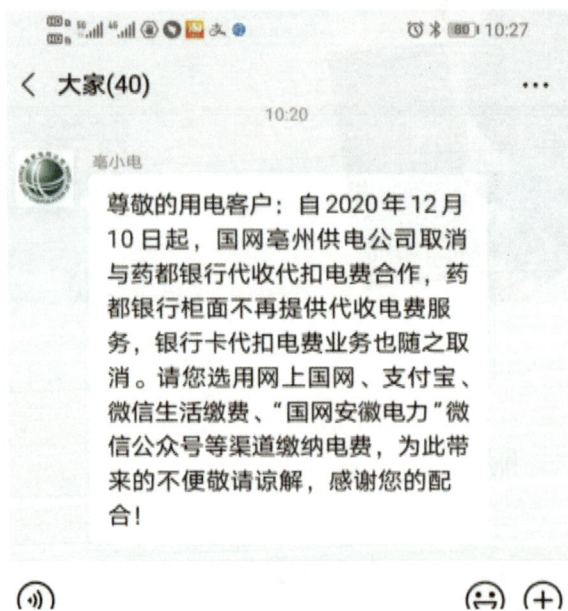

通过亳小电宣传代收单位合作取消事宜

实现账务集约后，电费账务处理实现了自动化，用户缴费、电费清分、二次销根、财务入账全过程自动化，不需要人工干预，消除了长期以来存在的电费资金解款不及时、到账确认不及时问题，解决了电费在途资金风险，提升了资金归集进度，释放了账务人员劳动力。目前，公司电费资金自动对账率、二次自动销根率均达到 99.90％以上，处于全省前列。

2021 年，公司完成市级所有电费账户的销户工作，实现亳州地区电费收款"省级集中"100％。

三、智能电表的安装

为响应国务院推广高效节能技术、加强智能电网建设的要求，国家电网公司确立了建设坚强智能电网的战略目标。智能电表是为建设智能电网而推出的计量设备，是该系统建设重要环节，可实现计量装置在线监测和用户负荷、电量、电压等重要信息的实时采集，保证数据及时、完整、准确，为"分时电价、阶梯电价、全费控"营销业务策略的实施提供技术基础，为提升公司集约化、精益化和标准化管理水平提供技术支撑。

加快采集系统建设，是公司 SG186 信息系统和营销计量、抄表、收费标准化建设的重要基础，是适应公司发展方式转变的基本要求，也是提升服务能力、实行居民阶梯电价的必然选择，有助于公司在现代化管理方面实现历史性跨越。

2010 年，公司开始启动用电信息采集系统建设。公司上下对采集系统建设的认识高度统一，公司领导重视、行动迅速、作风务实，在时间紧的情况下，围绕标准培训、规划计划、方案编制、标准研制等方面，做了大量深入细致、富有成效的工作，为下阶段采集系统建设奠定了坚实的基础。

采集系统建设在工期上十分紧迫，在施工协调上也十分繁杂。对内涉及发展、财务、安全、生产、科技物资、通信、信息等部门的业务关系、职责交叉；对外又涉及政府支持、广大客户的配合及工程实施期间的民事协调等方方面面，难度大、任务重。因此，采集系统建设既为营销工作加快实现发展方式转变提供了难得的机遇，也对公司系统营销业务管理水平和创新能力提出新的挑战。

公司抽调电费中心、计量中心、配电工区、调度通信中心人员组成用电信息采集建设主项目部，拟定工程考核管理办法，重点通过对工程进度、工程质量等相关内容的考核，建立对工程参建单位的考核机制。加强工程进度管控，由业主项目牵头，施工项目部、监理项目部配合拟订年度施工计划。施工计划以省公司下达的计划为依据，据此签订施工进度考核协议，确保按计划推进工程建设。

用电信息采集系统建设涉及多个部门，惠及千家万户。2011 年，公司促请亳州市人民政府办公室下发了《关于在市区范围内开展用电信息采集系统建设工作的通知》，对亳州主城区、市开发区、谯城区各乡镇范围内供电设施进行全面升级改造，建立覆盖所有用电客户的用电信息采集系统，实现用电信息全采集。用电信息采集系统建设以电力主干线路和居民小区为单位，分区域逐步实施，做到"安装一片，调试一片，调试一片，应用一片"，确保智能电表更换和传输通道建设有序推进。2014年开始在三县公司实施，2015年完成了公司所属189万余用户电能表更换工作。

智能电表意义重大。首先，实现了计量、抄表、结算自动化，消除了人工抄表的弊端。通过智能电表更换，改变了传统的抄表业务模式，实现供、购、售电环节的电能信息实时采集，达到准确抄表、同时抄表、实时抄表的要求，实现营业管理从抄表、核算到电费发行的全封闭管理模式的创新，进一步规范计量、抄表、结算流程，推进计量、抄表、结算业务标准化建设，为实现账－账相符，提高电费管理水平提供技术支撑。

其次，实现预付费控制功能，有利于防范欠费风险。通过智能电表更换，系统主站可与SG186电力营销应用系统实现用户信息的共享，支持多种预付费的结算模式并为用户以多种方式查询到自己的预付费信息提供后台数据，为用户网上充值、电话充值等新业务模式提供技术支持。采用远程停送电的方式强化催费的技术手段，提高催费效率，降低催费人员的风险。

再次，支撑用电检查、稽查业务管理精细化。通过智能电表更换，可以实现对计量装置的24小时在线监测，对任何时间出现的计量装置异常都能实时上报，主动进行远程服务或现场检查，改变了传统用电检查管理理念，有效避免传统用电检查、稽查中被动响应、反应滞后、漏查、漏检的弊端，实现用电检查、稽查业务管理模式的创新。

最后，有助于营销基层管理手段创新。通过电表更换智能，可以实现关键核心基础业务的实时在线考核，减少营销基础数据管理薄弱、部分台区和用户营业信息不准等传统管理死角，实现上下及时互通互动、管控精益到位、执行操作横向协调协作有力，提高执行力，以科技进步促进管理手段创新，推动公司营销管理变革。

通过更换智能电表，可以为95598信息平台提供及时准确的信息数据，提高对客户的响应速度，减少用户的投诉；可通过网站、语音以及短信等方式满足用户的信息需求，提高服务能力，进一步提升整体供电服务水平，积极履行社会责任，树立国家电网公司优质服务品牌；可为供电故障判断提供数据基础，有利于提高故障抢修及时性，提升用户满意度；可通过实现自动抄表减少对用户的干扰，规避抄表环节与电力客户发生纠纷的风险。

第六节　战略谋划　走向未来

一、新能源电力

电动汽车的推广，是拓宽清洁能源消纳渠道的重要一环。大力发展新能源汽车，能够加快燃油替代，减少汽车尾气排放，对保障能源安全、促进节能减排、防止大气污染具有重要意义。目前，新能源汽车产业已上升为国家战略，是国家重点发展的战略性新兴产业之一，近年来各级政府纷纷出台各类政策，加快新能源汽车及充电基础设施的推广应用。

利辛县居民正在使用公用充电桩为新能源汽车充电

位于亳州市体育馆的电动汽车快充站

2017 年至 2019 年，国网亳州供电公司每年储备并实施智能用电项目，用于高速服务区充电站建设。公司充分发挥属地优势，建立市场常态调研机制，做好潜在市场摸排，重点加强公交、物流、出租等固定里程数的专用车充电服务，对接各级政府和公交公司，调研分析当前市场，投资建设专用充电站。

近年来，国网亳州供电公司累计建成 14 座新能源充电站。其中，高速充电站 12 座，每座均由 4 台 120 千瓦分体式直流桩构成，已实现高速全覆盖；城市快充站 2 座，分布于亳州市体育馆及蒙城县逍遥公园。2021 年，公司推动打造亳州市城区 10 分钟充电圈建设。为提升亳州市新能源电动汽车充电服务水平，助力"碳达峰、碳中和"目标实现，公司在与市交投集团战略合作框架下同亳州市安车集团签订了合作协议：双方在充分考虑城市规划、交通规划、电力规划等有效衔接的基础上，在市区范围内选取了 20 个公共区域，合作投资建设充电桩，打造亳州城区 10 分钟充电圈。

二、"阳光业扩"服务模式

近年来，亳州供电公司全面贯彻国网公司深化"放管服"改革和优化营商环境决策部署，主动服务地方经济发展，按照亳州市创优"四最"营商环境工作要求，通过实施"四公开、三规范、二加强、一协作"重点举措，积极构建"便利化、透明化、标准化、规范化"的"阳光业扩"服务模式，进一步提升客户"获得电力"便利度和获得感。

首先，实现了公开业务进程信息。实现"业务线上申请、信息线上流转、进度线上查询、服务线上评价"，提升服务透明度和客户体验。依托"网上国网"App功能升级，开展线上渠道办电申请、电子合同、业务交互等功能优化调整，实现客户在线提交用电申请和竣工报验、确认供电方案和验收结果、签订供用电合同、查询业务进程和评价服务质量等16项线上业务"一次不要跑"。推广办电移动作业应用，依托移动作业终端拍照录像、条码扫描、电子签名等功能，实现客户资料电子化采录收集、现场勘察信息自动上传、供电方案线上审核确认。

其次，公开电网资源信息。实现电网资源信息内部实时共享和外部公开透明，提升电网服务资源透明度。推动电网资源信息内部共享，依托电网资源业务中台和"网上电网"，完成电网资源业务中台和"网上电网"系统应用，实现营销业务应用系统、移动作业终端实时获取与共享应用。推动电网资源信息对外公开，依客户申请提供所在供电区域内电网可开放容量、电力管廊通道、电网规划等特定信息。

再次，公开供电方案信息。提升供电方案透明度，保障客户知情权。对35千伏及以上客户，综合考虑客户用电需求及增长趋势、主配网规划计划、设备通道路径造价等因素，经过技术经济比较，为客户提供安全可靠、经济合理的供电方案。对10千伏客户，应用电网资源信息公开成果，深化电网GIS和移动作业终端应用，开展供电方案辅助制订功能建设。对400伏以下低压客户，开展勘查方案设计一体化作业功能建设，应用移动作业终端自动生成供电方案并现场答复。

最后，公开客户工程服务信息。公开客户工程服务信息，保障客户知情权和市场自主选择权。主动公开资质查询方式，通过营业厅、"网上国网"App等渠道向客户公开设计、施工、试验单位资质查询方式，提供中介机构资质在线查询服务。提供客户受电工程造价参考，制定《安徽省亳州市电力客户工程典型造价咨询手册》，通过营业厅、"网上国网"App等渠道对外发布，为客户测算投资成本提供参考。对新报装低压用电客户，低压电能表电源侧供电设施（含计量装置）由公司投资，对城区160千瓦及以下、农村100千瓦及以下的小微企业用户实行低压接入，并实行"零投资、零审批、零上门"三零服务。

此外，还组织进行了规范配套电网工程建设、规范省管产业单位市场行为、加强"项目经理＋客户经理"双经理服务、加强业务监督管控等举措。

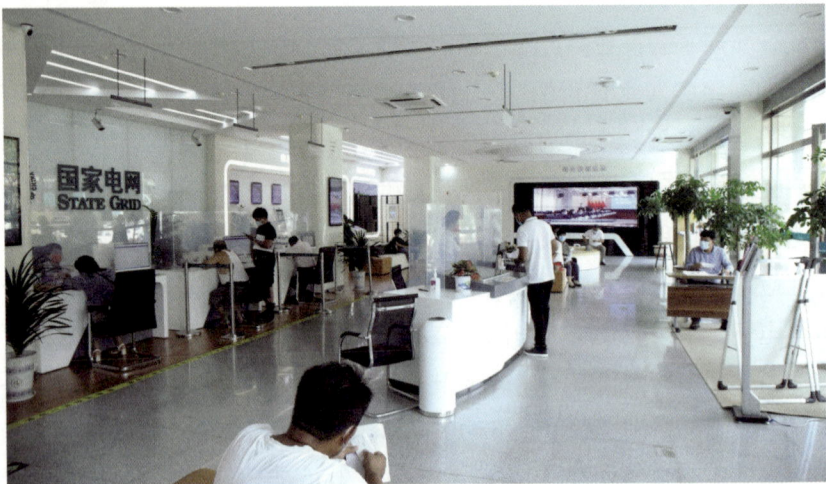

整洁有序的亳州供电公司光明路营业厅

积极主动融入政府整体工作，政企协作开展获得电力提升行动，营造良好外部环境。推动简化工程行政审批，推动市城管局、公安局、规划局、数据资源局等单位联合发文（亳城管〔2021〕111号），对低压小微企业及占掘路距离260米以内的电力外线行政审批，实行备案制。对占掘路距离260米以上的电力外线行政审批，实行并联审批制，3个工作日内办结。同时，在安徽政务服务网中建立"电力外线审批"事项清单，实现线上"全程网办"。推动政企办电信息共享，打通政企数据接口，通过"国网安徽电力"微信公众号及网上国网实现"刷脸办电"。推动供电服务入驻政务中心，在各级政务服务中心全面开设供电服务窗口，公开服务信息。

"阳光业扩"的意义重大。聚焦服务便利、信息公开、接电时间、工程造价等客户关注事项，运用互联网、移动作业等手段，持续改进了客户办电服务水平。实现创新服务、信息共享。充分利用公司信息化建设成果，贯通了各专业系统数据信息资源，强化报装需求、电网资源等信息跨部门、跨层级互通和协同共享，最大程度利企便民。实现高效快捷、限时办理。对外与客户签订服务契约，约定配套电网工程投产时间与双方责任界面，对内健全协同环节责任分工和时限管控机制，实现了客户按时接电、尽早用电。实现强化监督、齐抓共管。主动融入政府优化营商环境工作大局，有效借助政企协同、供电监管、客户评价、社会监督等作用，推动了公司各项举措有效落地。

三、"六保""六稳"有作为

2018 年中美经贸摩擦发生。中共中央政治局召开会议，提出"六稳"：稳就业、稳金融、稳外贸、稳外资、稳投资、稳预期。"六稳"涵盖了我国经济生活的主要方面，体现出中央在面对复杂的国内外经济形势时的未雨绸缪，以及实现稳定发展的坚定信心。

2020 年受新冠肺炎疫情的冲击，我国面临前所未有的困难和挑战。经济下滑，企业和家庭陷入现金流危机，金融风险加大，内外经济失衡。鉴此，中央及时作出新的安排：在扎实做好"六稳"的基础上，提出了"六保"的新任务，即保居民就业、保基本民生、保市场主体、保粮食能源安全、保产业链供应链稳定、保基层运转任务，形成了"六稳"加"六保"的工作框架。

国网亳州供电公司在省公司的指导引领下，坚决履行政治责任、经济责任、社会责任，全力确保电网安全稳定运行，全力做好供电服务保障，全力加快电网建设，全力助推复工、复产、复商、复学。

电力是经济社会发展的"血液"。国网亳州供电公司在做好自身防疫工作的前提下，用光明捍卫生命堡垒，确保电力供应万无一失。疫情发生后，电力是疫情防控的重要"生命保障线"。疫情期间，电网运维、调度运行、供电服务、配电抢修等各岗位"7×24 小时"联动值班，"战时"状态全面开启。公司制订 19 家防疫重点用户"一户一策"保供电方案，组织巡视抢修人员 3500 人次，"拉网式"排查重要供电设备，协助定点收治医院设备巡视消缺，实现重要用户疫情期间 24 小时安全可靠供电，获亳州市政府充分肯定。

复工复产全力推进。为发挥国民经济"稳定器""压舱石"作用，国网亳州供电公司率先组织有序开复工，第一时间制定实施服务疫情防控和经济社会发展、助力"六稳"大局的多项措施，奋力夺取疫情防控和经济社会发展"双胜利"，加快推动亳州疫后重振和高质量发展。

在建工程按期复工率为100%，亳州耿皇220千伏输变电等5项工程在全省率先复工，蒙城小涧220千伏风电项目线路工程提前5个月投运。在春耕、春种、春管的关键时期，为响应国家"六保"号召，保粮食能源安全，公司紧盯"大干90天，决战6·30"作战目标，提前完成引江济淮35千伏双沟—龙德线路工程送电，为引江济淮（亳州段）正式通水提供电力保障。除此之外，党员服务队队员服务到田间地头，为一些地方的泵站变压器进行试验、装表、送电，做好春耕生产用电服务，让农田灌溉有了保障。

护航经济卓有成效。国网公司董事长毛伟明指出：电力是国民经济的基础性产业，"托底"与"先行"功能兼备。面对复杂严峻的形势，亳州供电公司积极响应中央政策，严格落实上级指示，勇于担当、顽强拼搏，带头做好"六稳""六保"工作，推进复工复产，促进经济社会秩序恢复正常。在这场疫情防控战斗中，公司严格落实国家阶段性降电价政策，完善"欠费不停供"实施细则，对非高耗能工商业用户电价执行九五折优惠，全年降低企业用电成本7.84亿元，惠及15.93万户。

就业是最大的民生。公司响应"六保"政策，落实扩招，保障就业。公司下大气力做好高校毕业生、退役军人、农民工等重点群体就业工作，建设工程陆续复工，带动工人走出家门、奔赴工作岗位；同时大力实施各类举措扩就业，累计完成各类用工招聘35人。

四、数字新基建

数字新基建是国网及省公司重要的战略部署，亳州公司围绕"建设有中国特色国际领先的能源互联网企业"战略目标，认真贯彻落实"新基建"各项决策要求，加快布局新型数字基础设施建设，助力公司和电网高质量发展。

数字新基建主要有以下几个方面内容：

第一，打牢数据基础。高度重视数据治理和数据安全管控，统筹各业务部门开展各信息系统数据治理工作，严格落实责任和考核机制，加强专业部门之间、

为支持引江济淮亳州境内工程建设，电力工人正加紧架设输电铁塔

专业部门和县公司之间的协调配合，形成齐抓共管、灵活高效的工作机制，持续提升公司数据治理水平。所有参与数据治理人员均签署保密协议、网络安全责任书，严格落实数据安全相关管理规定，遵守公司保密规定及相关规章制度，杜绝在互联网传输业务数据，防范数据泄露，保障数据安全。

第二，做强基础建设。2020年，完成地区首座多站融合站点暨亳州变多站融合机房建设，并以此为契机，深入总结，提炼前期建设经验。2021年初，互联网办公室同运营商通过前期项目需求对接，实地开展现场勘查，结合现有变电站资源，依托益源电力公司设计施工，充分开发基础资源，与运营商协同建设5G通信机房，集中放置5G通信设备，解决基站选址难题，节省基站建设投资，实现资源共享，加快推进5G新基建建设。截至2021年6月，亳州公司与市移动公司达成亳州望月变、利辛变等多处建设合作意向，明确了由思极公司投资、益源电力建设的合作模式，对内支撑电力业务系统稳定运行，对外支撑区域新兴业务拓展，为安徽公司能源互联网建设贡献亳州力量。

第三，做精数据应用。公司充分发挥电力大数据优势，利用人工智能关键技术，打造具有亳州特色的数据应用，服务政府决策和客户需求，实现数据价值。

通过数字新基建，亳州公司"电力看环保"成效显著。2020年11月，公司与市生态环境局签署战略合作协议，根据市生态环境局需求，运用数据中台和大数据分析工具，对亳州市应急减排企业在重污染天气下响应程度进行监测，出具分析报告，受到市生态环境局表扬，并得到亳州市委常务、副市长李军的肯定意见。亳州公司持续做好电力数据支撑，服务好亳州市环境治理和污染防治工作。

数据增值服务也初见成效。开发基本电费策略分析工具，对大工业客户用电数据进行大数据分析，对基本电费支出、电度电费分布、力调电费支出进行综合计算、分析，为客户提供用电优化方案，有效降低客户用电成本。2020年底，完成2户大工业客户合同签订。2021年，在此项目基础上，打造客户用电优化分析应用平台，为客户提供用电行为分析、实时监测预警、自动无功补偿、计费方式最优选择等功能服务。配合无功补偿设备销售及维护，实现电力客户、地市供电公司、综合能源公司、省思极公司四方合作共赢，共同拓展"数据增值＋设备代维"新业务模式。截至2021年8月，亳州公司已为安徽如一食品公司、蒙城县国源风电有限公司、安徽锦丰纺织科技有限公司、利辛数据资源管理局等多家客户进行现场检测，出具测试报告和解决方案，并为客户提供设备安装试用服务。

公司与中国工商银行等多家银行对接企业信用评价需求，提供基于电力数据的企业金融信用评估分析，签订战略合作协议。2021年，公司基础资源及大数据应用的商务拓展总营收超过500万元，净利润将超过100万元。

五、助力乡村振兴

2020年以来，国网亳州供电公司认真贯彻落实省公司和市委市政府关于扶贫工作的重大部署安排，进一步理清思路、强化责任、增添举措，切实在精准扶贫、精准脱贫上下功夫，扶贫工作扎实稳步推进。

公司通过中心组、党支部等不同层面常态化开展学习《习近平扶贫论述摘编》精神，认真贯彻市委市政府关于打赢脱贫攻坚战的工作部署，进一步提高认识、明确任务、压实责任，充分发挥行业优势，统筹公司系统资源，扎实开展对外捐赠项目，高质量推进贫困地区电网升级改造、光伏扶贫收益拨付和定点贫困村、贫困户脱贫攻坚，积极助力亳州市打赢脱贫攻坚战。截至2020年12月底，公司通过中心组理论学习会议共学习 7 次《习近平扶贫论述摘编》。

在贫困村电网改造、光伏扶贫、定点扶贫和消费扶贫等方面取得了突出成绩。

第一，贫困村电网改造效率显著提升。2020 年度公司贫困村项目下达资金16760.4 万元，项目 250 个。贫困村项目于 2020 年 10 月底全部完成。公司完成2020 年贫困村项目 10 千伏线路建设 269.92 千米，低压线路建设 1596.49 千米，建改配变台区 300 台，建改容量 7.37 万千伏安，改造户表 23687 户。配电网线路重过载率由 9.79％下降到 3.61％，平均供电半径从 8.2 千米缩短至 7.5 千米、配变重过载率下降至 6.34％，低电压台区比例下降至 7.68％，农村户均容量由2.34 千伏安提升至 2.8 千伏安。供电可靠率由 99.825％提升至 99.877％，建设成效显著提升。2020 年公司获得省公司精品工程评选 5 项，利辛小李集西台区工程荣获国网公司 2020 年度"百佳工程"荣誉称号。

第二，光伏扶贫工作全面推进。全省扶贫总容量为 2176 兆瓦（纳入第 1～4批国补），其中亳州扶贫容量为 505.4 兆瓦，占比为 23.22％，位居全省第一。2020 年，亳州地区扶贫光伏电站发电量为 5.99 亿千瓦时，全年利用小时数为1185 时，共支付购电费 2.3 亿元，补贴 3.68 亿元。亳州市扶贫开发领导小组为公司颁发了光伏扶贫工作突出贡献荣誉证书，对公司在 2020 年度脱贫攻坚战中，彰显央企的责任和担当，积极配合全市光伏扶贫工作给予了充分肯定。公司主动配合政府开展扶贫档案信息核查，按期完成核查结果确认，同时规范扶贫资金的月度支付，积极开展光伏扶贫项目信息核查及国家补助资金核算支付工作。主动开展并网设备常态巡视维护，针对线路故障或局部电压越限导致不能发电等情况，及时抢修消缺，确保光伏设备运行良好。

第三，定点扶贫有序进行。2020 年 4 月，公司与定点帮扶村王寨及杜竹园村党总支开展结对帮扶，并制订里程碑计划，按照月度推进，联合开展主题党日活动，展开产业扶贫专项排查。2020 年 10 月，公司在杜竹园村党总支联合开展党组织结对帮扶活动，传达市委市政府及省公司对扶贫工作的最新部署，探讨下一步扶贫工作的开展，杜竹园村党总支给公司赠送锦旗表示感谢。按照市委市政府要求，公司将帮扶责任人入户走访作为主题党日社会实践活动内容，以支部为单位要求帮扶责任人按照"二十看二十问"和单位"八看八问"走访表集中组织开展，组织帮扶联络员对公司帮扶责任人进行入户走访培训。4 月份开始，市县公司 306 名帮扶责任人共走访 681 户贫困户，针对走访过程中发现的 484 个问题，形成问题清单，明确责任人和整改时限。截至 2020 年 11 月底，公司共投资 21 万余元将所发现问题全部完成整改，市县公司定点帮扶的 5 个村剩余贫困人口全部实现脱贫，为确保完成决胜全面建成小康社会、决战脱贫攻坚目标任务作出了新的贡献。

第四，公司工会充分发挥工会组织优势和群众优势，组织公司工会和广大职工参与消费扶贫。2020 年 5 月，公司系统通过线下集中采购脐橙和香菇，共消费 109550 元，助力湖北复工复产。2020 年 9 月，公司通过中国邮政亳州公司采购蒙城县扶贫产品五洲牛肉，共消费 12.3977 万元。

2021 年，公司打造了美丽乡村示范村镇利辛诸王新村，并推进智能融合终端应用，完成了年度 1070 台融合终端建设任务。

灯亮了，群众的心就更亮了。电通了，发展的路就更宽了。用电量既是经济运行的"晴雨表"，又是经济发展的"助推器"。公司将持续积极发挥作用，为满足人民日益增长的美好生活用能需求做出最大贡献。

第七章
不忘来路

亳州电力的历史瞬间

职工记忆中的点点滴滴，见证了企业在历史进程中一个个发展脚印。本章将展示 15 位曾经在亳州电力系统工作的离退休职工的口述与回忆，让我们以此追忆那段激情燃烧的岁月，感悟艰苦创业的时代精神。

第一节　黄启明：亳州电力体制的理顺和完善

2022 年 3 月，我到亳州供电公司进行了一次"故地重游"。看到充满激情的员工队伍，看到现代化的电力调度室，看到飞速发展的电力网，看到畅顺的管理构架，我由衷地感到高兴。

我是 2001 年 12 月调到安徽电力亳州供电有限公司担任主要行政负责人的，2006 年 3 月调回宿州供电公司工作。在亳州工作的 4 年多时间，我做的最有意义的一件事是在省电力公司的领导下，结合亳州行政区的升格，逐渐理顺了具有特殊性的亳州电力管理体制。

当时的时代背景是，1997 年至 1998 年，全国电力行业实行政企分开，原电力部撤销，国家电力公司承接了原电力部下属的 5 大区域集团公司、7 个省公司和华能、葛洲坝 2 个直属集团。2002 年 3 月，国务院批准了《电力体制改革方案》，由国家计委牵头，成立电力体制改革工作小组，负责组织电力体制改革方案的实施工作。2002 年 12 月，国家电力公司拆分为 2 大电网公司和 5 大发电集团，即国家电网、南方电网以及国电、华电、华能、大唐和中电投。

随着政企分开政策的推行，电力体制也在逐步地理顺。2000 年 5 月，经国务院批准亳州市升格为安徽省地级直辖市，辖谯城区和蒙城县、涡阳县、利辛县 3 县一区，谯城区为亳州市政府所在地。此时行政体制变革基本完成。但亳州市的供电体制还停留在原来的模式，蒙城县、涡阳县、利辛县 3 个县供电局均属阜阳市管辖（直到 2002 年 6 月 20 日，才由之后成立的亳州供电公司管理）。而亳州供电局在 1999 年初开始由安徽省电力局直接代管。当时包括亳州市和蒙城县、涡阳县、利辛县的地方供电单位都叫供电局，属于地方政府资产，都是趸售局，即从直供电网买电，赚取差价，自负盈亏。地级亳州市成立后，为适应行政区划的调整，安徽省电力公司于 2001 年 12 月 28 日在亳州供电局的基础上发起成立亳州供电有限责任公司。亳州供电有限责任公司负责亳州市境内 110 千伏及以上电网的运营，并代表安徽省电力公司管理涡阳、蒙城、利辛 3 个供电有限责任公司，员工均为原亳州供电局干部职工。我是在政企分开、亳州市政府升格的时代背景下调到亳州供电有限责任公司的。

为适应行政区划的经济发展和电网建设，解决条块管理不畅的问题，安徽省电力公司决定成立亳州市级供电公司来管理县级供电企业。2001 年 12 月 28 日，安徽电力公司亳州供电有限责任公司成立，注册资金 1.2 亿元，省电力公司占股 70%，亳州市政府占股 30%，我任总经理，干部职工为原亳州供电局人员。因为公司升格了，大家热情很高，在 28 日举行了盛大的成立大会。原由阜阳供电局管理的涡阳、利辛、蒙城供电有限责任公司移交亳州供电有限公司管理。

安徽电力亳州供电有限责任公司成立后，我发现还存在诸多问题：一是 110 千伏及以上电网资产属于省电力局，由阜阳公司管辖，这样就出现了电网建设投资和运维不畅的问题。二是从《中华人民共和国公司法》来说，随行政区划划过来的蒙城、涡阳、利辛 3 个供电有限公司均为省公司控股的"有限责任公司"，都是独立的法人，那么，安徽电力亳州供电有限责任公司无法对这 3 家县公司行使管理权。为理顺管理体系，我们积极向省电力公司汇报，在省电力公司的支持下，2002 年 6 月 20 日，安徽省电力公司成立了安徽电力公司亳州供电公司，该公司为省电力公司的分公司，这样就名正言顺对亳州区域内 4 家公司行使管理权。在电网资产方面，省公司把原由阜阳供电局管理运维的亳州行政区划内的 110 千伏电力设备划归亳州供电公司，2002 年 12 月 31 日，在阜阳供电局举行了移交仪式，我与阜阳供电局总经理马宏庆在移交协议书上签字。但当时还存在一个问题，即一个市区有两个供电企业（亳州供电公司、亳州供电有限责任公司）。而亳州供电公司因无直供营业区，实质上是一个"输电公司"。一个地盘，按说对外是一家供电公司，但内部却有壁垒，这不利于电网建设和提供优质服务，不利于供电公司良好形象的树立，也制约了队伍的锻炼和人才的培养。到 2009 年 5 月，国务院批准地方政府电力资产占股权无偿转划给安徽省电力公司，供电管理体制才彻底理顺。

我认为，亳州电力体制理顺有两个早，一是县级有限公司全部移交给市公司管理在全省最早；二是亳州供电公司成立最早，是全省第一个取得工商注册的市级供电公司，省去了其他兄弟单位成立供电局的环节（厂网分开前市级供电单位叫"××电业局"，厂网分开后改为"××供电局"，行政职能完全移交经贸委）。那时在上报审批环节还有一个小细节，我们带上亳州各相关部门的批准文件、资料到安徽省工商局审批时，省工商局也是第一次办理这个业务，提出一些问题，我就给他们耐心解释国家电力体制改革的情况，并提供徐州、南京供电公司成立的营业执照给他们看，经过多次沟通才通过审批。亳州供电公司先行一步，省公司领导说，以后其他市级供电企业都按这个路径走，于是兄弟公司相继成立"安徽电力××供电公司"。体制理顺后，亳州供电从市公司到县公司，管理条块逐渐清晰；从电网调度到输电线路运行维护，从电网建设到营销服务，都遵循国家电网公司的规范和统一标准快速推进实施，成为国网系统安徽电力公司的 16 家市级供电公司之一，这是我在亳州工作 4 年多非常欣慰的事。

回顾亳州电力体制理顺和完善的过程，亳州供电公司广大干部员工热情很高、觉悟很高。如果没有他们顾全大局、积极配合，是很难顺利完成供电体制改革的。长风破浪会有时，直挂云帆济沧海。祝愿亳州供电公司紧跟国网和省公司的步伐，不断取得新的进步，为区域经济发展作出更大的贡献。

第二节　宋德林：难忘艰苦岁月

1968 年，我作为下放知青来到地方。1970 年，我被抽调到亳州水电局供电厂工作。那时候厂里有 20 个人——上海人 4 个，亳州人 16 个。原来是水电口，水和电是在一起的，被称为水电局，亳州也有水电，在涡河上面有一个水闸。当时像农田水利建设和电力建设都属于水电局管理，农村安装变压器、线路或者打机井，都需要国家出资建设，这笔资金叫农田基础建设费用。1 年后，成立了一个电工培训班，我是培训班的会计。

我是从基层一步一步干出来的，最早在小公司的基层供电所当所长，后来到生产科当科长，再提拔为副总工、总工，最后在市公司当总工，直至成为市公司副总。

亳州最早有电是在解放前，那时候只有一个柴油发电机组，在亳州白布大街北头的碳厂，原来搞供电的几个老人现在都不在了。后来成立亳州发电厂，基本上只负责照明。亳电公司李兆华的父亲就是亳州发电厂的股东，由于历史的原因，公私合营后，电力行业里没有私人股份了。

那时候亳州的供电都是发电厂下面的线路班负责，而供电局的前身就是这个线路班，负责城区的照明。后来成立了三化（电气化、机械化和水利化）办公室，把线路班划到这个办公室分管。办公室的主任是李兴平，水电局局长兼任；张殿祥是副主任，是从电厂抽调过来的；王忠立是政工组组长。再到后来，三化办公室就分开了，成立了供电管理站，位置就是现在亳州人民路上的阳光公司所在地。

1984年，亳县供电局成立了。第一任供电局的局长是钟华昌。那时候我们供电局还是科级单位，因为亳县才是一个处级单位。那时候供电局只有70多个职工，后来慢慢多了一些。再后来换了好几任领导，但是干的时间都不长，有一年多的，甚至有不到一年的。后来供电局局长是金本亮（在1984年上任），干了八九年，供电局的管理终于走上了正轨。亳州农村的第一个变电所就是35千伏油河变电所，在1973年投入运行，是室外的变电所，用的是柱上油开关，当时负责给古城、油河、三官地区供电。第二个变电所是35千伏张集变电所，采用的是室内的负荷开关，但是也是手动的，保护用的是熔断器，烧了就只能换熔丝。第三个变电所是张苇变电所，在1980年投运，供应观堂、辛集等镇，在当时算很先进的，还有继电保护功能，我在这里工作了4年。还有后来的大杨变、古城变、双沟变，当时负责变电站设计的是褚怀珠，他是生产科的科长，我是副科长。

20世纪70年代变电所建设的时候，征地很方便，因为土地都属于生产队，只要跟公社商量好就行。然而成立薛阁变电所的时候出现了困难，老百姓提出来要征地就必须提供工作，装卸必须由他们来负责，不然不配合征地工作。

成立市公司后，有了专门的部门负责协调征地。比如亳州220千伏谯城变电站施工的时候发生一件事，但是工程建设还是由阜阳局负责。

施工过程中有时也遇到不少难题，比如跨铁路的时候，停电是个问题。因为当时跨线的方式不像现在，线路架得很高，那时候申请停电必须要经过郑州铁路局批准，很不好办。

亳州供电公司成立于 2001 年，省公司总经理邱总（邱国富）主持亳州供电公司成立的工作。他的意见是成立股份有限公司，按照其他地市公司的经验，省公司占 70% 的股份，亳州市的小公司经过评估占 30% 股份。当时的领导班子是 7 个人，包括：董事长、书记杨学智，总经理黄启明，副总关敬东、贾立峰、彭华农，副董事长张百毅，总工是我本人，张百毅是地方政府派过来的。

但公司运作起来时却发现了些问题。比如农网改造需要投资，按照股份，地方政府占 30%，所以要投资 30% 的资金，但地方政府没有钱，所以没有办法运作，再加上董事长、书记的职位关系也不明确，所以没有办法运作。召开成立大会的时候，市长、书记、分管副市长都参加了，眼看不好运作，从阜阳局招聘一部分人，又招聘了一些大学生，把老供电公司又放回到县公司。2010年的时候，老供电公司又合并到市供电公司了。

阳光花园小区的建设背后也有很多故事。按照国务院 2 号文件要求，所有建设工程的宿舍楼都要做外墙保温。当时市建委打算把该楼按照全省的标准来做，设计、施工、监理都是第一次做。审批的时候，市长批准后，文件到纪检委，纪检委要开常委会研究决定。当时要满足 4 个条件才能批准：第一是土地性质符合条件，我们是综合用地，这个条件符合；第二必须是困难企业，咱们供电局肯定不符合条件，不是困难企业；第三是要符合房改政策，但凡是1989 年以后参加工作的，都有房改基金，都不满足这个条件了，所以我们就找到纪检委下文后，到发改委立项，再到房产局，要审计看看有没有享受房改政策，最后没有办法，登报纸，看有没有群众反映，公示后发现没有群众反映，这才通过审批；还有第四个条件记不清了。

这个小区布局是倒品字形，不是常规的正品字形，虽然那样采光会更好。这是因为咱们小区不大，为了不影响后面的居民房屋，才无奈这样设计。考虑很多职工都是外地或农村的，住在外面也不安全，后来又跟省公司领导汇报，才同意盖这几栋楼。省公司的意见是好事一定要做好。前面的办公楼建筑面积有 6000多平方米，获得黄山杯质量奖，这是当时安徽省最高的质量奖。像公司前面的广场，15 吨的吊车在上面作业都不会有问题。一方面是由于地基打得好，另一方面是因为广场用的花岗岩是 6 厘米的厚度,而当时一般地方用的花岗岩只有 2～3 厘米厚。小区的绿化参考了很多先进的做法,有层次感,视野也好,亭阁、假山石、风景架的设计都是很先进的。

第三节 于成广:跟着共产党一辈子不回头

我叫于萍,是于成广的大女儿。在姐弟三个中,我是老大,加上父亲晚年一直与我一起生活,了解父亲的事情相对多些。

1930 年 11 月,父亲出生在亳县五马,就是现在的亳州市谯城区五马镇大房庄村。他是老大,生逢乱世,因家境贫寒,为养活家人,他 14 岁时在外乞讨。

他 16 岁时,在一次拾荒中遇到途经家乡的部队。他听说军人为老人挑水,不拿群众一针一线,受到群众的欢迎。这更坚定了他参军为百姓谋幸福的信心。正是这一决定,开启了父亲传奇的人生履历。

1948 年冬,父亲参与第一次大战——淮海战役,惊心动魄的一幕幕让他终生难忘:子弹"嗖嗖"从头上飞过,天上飞机撂炸弹,地上坦克"轰隆隆"开过。那时,他任通讯员,送敌情电报,因传递重要敌情及时,立三等功一次。

谈到淮海战役,父亲多次提起总指挥粟裕大将军用兵如神,让他眉飞色舞。粟裕根据战情的变化随时变通战术,选择攻击点时,先打弱再攻强,击中要害。在打败黄百韬兵团后,他带领战士挖堑壕、交通壕,挖到离敌前沿阵地 30～50 米,那是靠近敌人村落附近的关键点,这样就能逐个争夺敌人的火力点。最终获胜。

1949 年春,根据部队的指令,父亲率先参加渡江战役,留下了腰伤。当时国民党军队为守住南京这一片区域,利用长江天险,对他们发起了猛烈的反攻,天上有飞机,地上开坦克,对他们步步紧攻。为不被敌人看见,战士们总在树林里走,遇到平地时,他们只能背负重重的沙袋,匍匐前进,这样能躲过轰炸。但是沉重的沙袋,在过水路时成了巨大的累赘,如同身背巨石,一点点蜗行在泥泞中。幸运的是他腰部受伤。可是，很多士兵因长期背负沙袋，体力不支，不幸牺牲。

尽管吃苦受累，父亲靠着不怕吃苦的韧劲，坚持下来了，但因缺医少药，他落下了腰疼的老毛病。渡江战役中他立三等功一次，他所在的连队荣立集体二等功一次。

1949 年 5 月，父亲转战到解放上海的松江战役中。敌军大刀马上刺向他时，他当机立断，率先夺下了刀，刺向对方，才捡回了一条命。我问他是否害怕，父亲想了一会告诉我，那是他第一次孤军奋斗，说不害怕那一定是假话，但是当你直面死亡时候，你只能选择孤注一掷，不是你死就是他亡，亡命的勇士总能激发出超出你所想象的勇敢与果断。

1949 年 10 月，中华人民共和国成立了！我曾问父亲新中国成立对他而言意味着什么，父亲脱口而出：不像以前把头挂在裤腰带。今后，就可过上平安的生活。父亲回忆：1949 年 10 月 1 日那天，他在天安门广场上执行车辆巡检任务，因为他有过驾驶装甲车的经验。那天，他脸上充满兴奋又带有遗憾，根据中央指令，他驾驶坦克从天安门广场前缓缓驶过，紧紧盯着前一辆车的行动轨迹。经过天安门城楼时，他仅仅是用余光扫了一下，甚至还没来得及看清城楼上的领导人，车就行驶过去了。但是，他听到欢呼声，耳边是广播里传来的毛主席掷地有声的宣言。他马上提醒自己：要开好这辆车。在喧闹的环境中，父亲从未有的淡定，顺利完成任务。正是因为这次参加阅兵受到的震撼，更坚定了父亲跟党走的决心。

1950 年 3 月的一天，是一个让父亲无比激动的日子，他在鲜红的党旗下举起拳头宣誓，成了一名光荣的共产党员！他坚定信念：跟着共产党一辈子不回头。

1950 年冬，烽火烧到了鸭绿江畔。军人的血性让父亲想尽早奔赴朝鲜战场，他们先到了东北边境城市安东（今丹东市）。安东位于鸭绿江畔，江的对面就是朝鲜。父亲看到熊熊战火在朝鲜土地上燃烧，说不定战火哪天就烧过了江。

"我们都志愿加入中国人民志愿军入朝作战。"伴随着庄重的宣誓，父亲和他的战友们毅然踏上了保家卫国的征程。"雄赳赳、气昂昂，跨过鸭绿江。"这首歌真实反映了父亲和战友们跨过鸭绿江的威武场面！但一入朝鲜，那边的困难远远超出了大家的想象。出发前，他们就接到命令：不能暴露中国军人的身份。

接下来，更大的考验接踵而至。朝鲜气温降到了零下 40 摄氏度，鸭绿江封冻，又摊上大雪天。加上后勤供应不足，他们穿的冬装只是南方冬天的薄棉衣。战友们睡觉都不敢脱鞋，一旦脱了鞋，脚被冻得硬邦邦的。

为躲避美军不断的低空侦察，他们白天潜伏在雪地里，夜晚摸黑匍匐爬行。因为行动隐蔽，他们不敢生火煮食，每天啃冻得硬邦邦的土豆。要是土豆吃完了，只能挖树皮、野草，就着雪水充饥。大家十来天吃不上一顿热饭，睡不上一次"干燥的觉"。很多战友都来自南方，哪碰到过恁冷的天？为了保命，战士们晚上睡觉都不敢睡太久，睡一小会儿就爬起来运动；有些打瞌睡的战士，连队干部踢屁股或架起来强迫运动。否则，他们会在睡梦中冻死。父亲翘起大拇指，淡然说：这可是在朝鲜冻坏的。不过，他感到自己还是幸运的，只是冻坏了手指，很多战友因冻伤被截肢，有的永远留在异国……

其实，父亲虽然参加过无数大小战斗，但最不愿回忆的就是抗美援朝，我知道是因为那场战争真的太残酷、太苦了，苦到他不想多回忆！我很少见到父亲哭，但有次我看到他在家里看了有关抗美援朝的纪录片后，泪光闪闪。父亲刚入朝鲜时是前线的通讯员，主要负责传递情报，保证信息通畅，随时随地可能遭遇敌军轰炸。一次，他外出执行通信任务，回来时，发现连部被炸没了，战友们牺牲了。父亲想想每天并肩战斗的兄弟们倒下了，心里万分悲凉！

所幸的是，父亲被整编到另一个连，成为汽车运输兵，身上有好几处枪眼，腿上、肩上都有伤，无法继续前行。他被送往后方医院治疗，因伤势严重，被送回国内的密山继续治疗。

伤势好些后，前线的战事吃紧，父亲继续参加战斗。他随 26 军 77 师 229 团，参加长津湖战役。当时，朝鲜冬天非常寒冷，冰天雪地，父亲手脚往往被冻得麻木，稍有不慎就会车翻人亡。1953 年，抗美援朝战争取得了全面的胜利，父亲因表现突出，被记三等功一次。1951 年 4 月 4 日，父亲也被记过三等功一次。

父亲从参加天安门广场阅兵，到与母亲成家、回家，都与汽车密切相关。

1953—1969 年，他辗转到哈尔滨、西安工作。

1969 年，父亲由于爱车，申请调动工作到三化办公室（原供电局的前身）开车。

当时三化办公室只有大车，父亲负责运输电线等任务。当时路况差，父亲的驾驶技术好，主动承担大大小小的任务。

父亲是个"工作狂"，我记忆中，父亲常去外地"拉货"（电缆、电杆等），早出晚归，像现在跑长途运输的。他驾驶着局里一辆 10 轮的江淮货车，往返合肥、淮北等地，为亳县 110 千伏变电所、35 千伏油河变电站和多条 10 千伏线路运输电杆、电线等物资。由于父亲常年在外，母亲用柔弱的肩膀撑起这个家，因积劳成疾，突发心脏病离世。当时父亲在外，没有见上她最后一面，这成了父亲一生的遗憾，他把这一切埋在心里。

1983 年，父亲光荣退休。他见证了亳州电网的沧桑巨变。

父亲已经 90 余岁高龄了，很多事已经记不清了。但没事的时候他在院中唱《三大纪律八项注意》等军歌。时光流逝，过去那金戈铁马之声已经化作远去的烟云，在一次次血与火的淬炼中，磨砺出他不屈的风骨和钢铁般的意志。他常讲，在党的领导下，他的许多战友用血肉之躯换来了今天的幸福生活，要珍惜来之不易的生活。

作为晚辈，父亲的言传身教深深影响了我们这一代。我们姐弟仨牢记父亲的叮嘱，对党忠诚，热爱人民，发扬吃苦耐劳的光荣传统，把这一传统传给下一代，共同续写亳州电网发展的灿烂与辉煌！

第四节　陈英勇：我在亳电 30 年

我叫陈英勇，1947 年出生，今年 76 岁。按照组织安排，我 1977 年被调任至亳州供电局工作，在公司一干就是 30 年。

记得我加入公司时亳州供电局仅有 78 人，我是公司第 79 名职工。参加工作时我在修试班，后来到电费室当抄表员，再后来就调到花戏楼供电所担任所长，先后在花戏楼供电所干了 11 年，其间也在物资公司担任过一段时间的经理，后来又调任至民族供电所，就这么几个岗位之间互相调动，一直干到 2007 年退休。那时候我已经有 48 年的工龄了，应该算是咱们亳州社保局退休时工龄最长的员工之一。

现在回想起当年的亳州电力，第一印象就是条件非常艰苦。我在修试班工作时，物资极度匮乏，购买横担的价格高昂，但是供电线路又不能不建，因此线路上用的横担全部是我们自己锻造、加工、焊接的，加工之后镀锌，然后才能应用到线路上。有一年雪灾时，大量的横担损坏，为了节约物资，我们将所有的废旧横担都收集回来回炉锻造、加工。当时我们修试班人员不多，但大家干得很带劲，努力用最少的支出保证电网建设。就连咱们老供电公司的物资仓库的大梁，都是我们自己焊造的。

记得在农网改造时，所有工程都是我们自己施工，挖基坑、安装底卡盘、立杆子，就连电线杆都是我们用板车一根一根从物资仓库拉到施工现场的。当时立杆没有吊车，得采用扒杆牵引立杆。亳州花戏楼区域是有名的老城区，"八步六条街"不仅反映了老城区的繁华，也可以体现老街的紧凑，很多施工机械无法进入，因此当时城网抢修和立杆工作主要得依靠人力完成。

以前的电网设备状况较差，更没有现在设备这么智能化。听说现在的 10 千伏出线主干线都是 240 毫米的导线，即使是分支线末端也得在 75 毫米以上线径。当年的线路从变电站里出线段线径才是 50 毫米的，等到居民用电的末端，线径仅为 35 毫米，还都是裸导线。所以说以前低电压是普遍现象，群众反映也比较强烈。夏天时白炽灯通红、风扇转不动，更别说使用空调、电视机了。以前居民家里都常备一个装置——稳压器，只有用了它才能够保障夏天的电器设备不会因为电压不稳损坏。但这个价格是很高的，一个稳压器当年的市场价是 300～500元，基本上相当于一个普通家庭 3 年以上的电费。现在好了，咱们亳州已经没有低电压情况了，就连偏远的农村夏天都能正常用空调了。

都说科技是第一生产力，这话是一点不假。我工作时当过一段时间的抄表员，记得当时我们所有 7 个抄表员，负责亳州老城区的全部电表的抄表工作。那时候一个黄布包、一辆自行车、一沓电费手撕票是抄表员的标配，每个月到各家各户抄表也是例行的工作。以前自行车属于贵重物品，都是骑到每个街头把自行车寄存在某处，等到一条街的电表抄完了再回头找到自行车骑着到下一个地方，偶尔还会发生被狗咬的事情。人工抄费后，用户还需到供电所营业厅缴纳电费，很是不便，而且拖欠电费的情况也很普遍。那时电表还属于用户资产，得由用户自行购买送公司校验合格后安装，因此电表型号各异，质量参差不齐，电表计量不准的问题引起的纠纷也不在少数。到了 2005 年，智能电表逐步普及推广，电表资产也列属公司、由公司统一安装，规避了很多计量不准和偷电漏电的风险。而且电表远程抄表结算，自动停电复电，节省了大量的人力物力，把更多的人员力量解放了出来。

以前谯城区只有供电局一楼大厅有一个收费点，全谯城区这边的用户都得到这一个收费点缴费。后来为了方便用户缴纳电费，在地方政府和花戏楼办事处的支持和推动下，公司在打铜巷等地租赁办公地点，设立了花戏楼供电所电费点等3个收费点，给电力用户带来了极大便利。以前电费都得三番五次地上门催缴，拖欠电费更是常有的事，就连花戏楼供电所的办公地点都是利用拖欠电费抵扣的。现如今电费可以网上缴费，利用"网上电网"在手机上就能查自家的实时电量，这在以前真是想都不敢想的事，这也是咱们供电公司始终保持着"人民电业为人民"的信念，不断为用户提供更优质、更便利服务的充分体现。

这么多年亳州电网发生了翻天覆地的变化，这既是社会发展的大势所趋，也离不开咱们亳州电力人团结互助、艰苦奋斗的精神。亳州是一个文化古城，由于涡河的水运便利形成了一个较大的药材集散地，四处往来经商的人员流动性大。当时亳州在周边属于比较大的城市之一，号称"小南京"。不过虽然亳州的文化底蕴丰厚，但是当时我们供电部门比较落后，而且地方生意人比较多，对于供电方面要求也比较高，这就让我们陷入了供电能力与经济发展需求不匹配的困境。

那时电网基础薄弱，供电改造也面临着资金匮乏、项目短缺的难题。我依稀记得，公司的一名女同志和同伴一起从物资仓库拉杆子到魏岗供电所，把自己的腿都磨破了，当天都无法正常走路。但是即使是这样，第二天，这名女同志一样继续奋斗在一线。我们当年的老亳电人就是有着这么一股劲头——一定要把乡村地区的电架上。

那个年代全民热火朝天地投入生产，我即使是供电所所长，也要参与现场实地抢修工作。1989年的药博会9月9日开幕，当时市政府还在花戏楼供电所供电范围。由于线径小、承载能力不足、药博会期间人员大量聚集，负荷激增，在开幕的前一天晚上，西关变（现110千伏亳州变）出线故障导致花戏楼区域全部停电，3条出线烧断了2根，负荷也无法转供。当即我们所20余名员工第一时间全部到达抢修一线，力争迅速恢复供电。但到了现场之后，又有点束手无策。当时已是深夜，物资供应跟不上，又缺乏登高车、带电作业车等专业抢修器械，抢修工作难度很大。我们一帮人就用登高踏板、人工牵引放线等方法，历时1个小时40分完成了抢修工作，迅速恢复了药博会的正常供电，这也让我们受到了当时药博会参会领导与来宾的表扬。

1995年，为了彻底改变农村地区用电难的局面，国家开始启动第一轮农网改造，当时我担任物资公司经理。当时仅谯城区农村区域就有 1600 余台配变，大量的变压器同期需要进行升级改造，物资面临着严重供应不足的问题。那段时间夜里不睡觉是常态，基本上是夜里收货、白天发货。物资公司那时共有 16 名职工，都是白天黑夜连轴转地上班，因为一到天亮，各个供电所的员工们都要来领取物资，仅发货就一直要持续到晚上。我其实就在供电所附近的大隅首住，但也没有回过家，累了就在公司里面休息一会。不仅如此，我们还面临着没有货源的情况。那时全国都在进行农网改造，生产厂家的生产能力不足、物资供应不上，我们安排 3 名同志全国各地去找货源，订立合同。虽然那时面临着种种困难，但在公司领导的带领下，我们还是完成了农网升级改造物资供应工作。

最近我看报道上说，咱们地区要开始建第二座 500 千伏变电站了，建成之后，咱们亳州电网的供电能力又要再上一个大台阶！而在我刚参加工作那时只有亳州市区供电，供电用户还不足 2 万户，很多区域还没有供电。后来逐步发展到给乡镇中心供电。随着城乡接合部以及各乡镇交界区域供电空白逐步消除，才实现全市的全面供电。以前亳州市区只有一个 110 千伏西关变（现 110 千伏亳州变），因为负荷没法转供，当时只要西关变跳闸，整个亳州市区都会停电。而且由于供电半径长，低电压是正常的情况。后来陆续又新建了 35 千伏油河变、张集变、张苇变，110 千伏汤陵变等变电站。说起来张苇变新建时的避雷针还是我们修试所自己焊造的。随着电网的不断建设完善，公司在 2005 年左右全面消除城区的低电压情况。

以前电力在生活中的重要性不是很大，每家每户也就是普通照明用电，连电风扇都很少，因此电网发展建设的速度也较慢，很多年都建设不了一个新变电站。现在电气化程度高了，家家户户空调、电视机都离不开电，电力在生活中已经成了不可或缺的能源。咱们电网也在突飞猛进地发展，现在听说一年都要新建几个变电站，带电作业车、应急保电车等装置，这在我们以前都是见不到的好东西，现在咱们公司也都能够用来保障电网安全了。电网设备状况也得到了根本上的改变，以前配电线路用的都是裸导线，即使是过路段也是用裸导线。现在我看咱们市区的架空线路基本上已经更换为绝缘线了，这样故障跳闸的次数就能够显著降低，供电可靠性也能够大幅提高了。我现在自己也是一个电力用户，感觉这几年就没停过电。

我已经退休 16 年了，公司不时地给我送来温暖和关怀，时时惦记着我这个退休的老头子，我很感动。现在我的子女也在咱们公司工作，希望他们和年轻职工能够把咱们亳电人不怕困难、团结互助的精神发扬下去，真正把亳州电网建设成坚强智能电网，为咱们亳州市的发展腾飞提供坚强的电力保障。

第五节　丁文亚：只做耕耘，不问收获

　　我是 1963 年参加工作的，被分配到亳县电厂，当时这个电厂是亳州当地的电厂，就在现在的涡河北岸，虽然只有一套机组，但勉强能保障亳县的基本用电需求。那时候我们亳县电厂还给鹿邑供过电。1965 年底，亳县化肥厂上了新设备，亳县的电力一下子就开始紧缺。当年亳县电厂从阜阳地区接收了一套国外的 1500 瓦的发电机组，1966 年 10 月份开工安装，1967 年机组才投入使用，成了厂里的 2 号机组，县里用电紧张的局面这才稍微缓解些了。

　　当年，中央下文了，亳县电厂转为地方国企。当时我们都可开心了，觉得这工作稳定了，能一直在电厂里干到老。结果 1970 年 8 月，涡亳 110 千伏的输电线路架通了，淮北开始经涡阳向我们亳县送电。县里的三化办公室按照趸售价格每度 0.058 元的价格向淮北购电，电价比我们电厂的电便宜。而且当时主要靠火力发电，电厂机组小，煤耗也高，一来二去，当地企业都开始买淮北来的电，电厂逐渐赔本了。1971 年，县里成立了供电管理站，属于水电局管辖，张殿祥是负责人，当时他就把电厂整个外线班的十几个人都带到了供电管理站。1973 年，亳县电厂临近停产，我们 24 个年轻人就从亳县电厂到了供电管理站。此时供电管理站已经有 60 多个人了，负责淮北向亳县地区输电线路架设施工、故障维修、收缴电费等工作。

　　1975 年，经济逐渐恢复，用电量也开始变大了。同事们学习工作热情特别高涨，大家都觉得好日子要来了，结果 1976 年 3 月淮北供电不足了。亳县电厂又开始发电，向县里主要的面粉厂、化肥厂供电。大家都慌了，好多同事从企业里出来了，想找个更好的工作。结果没几年淮北供电能力就下去了，又得依赖咱自己的电厂。这以后工作怎么办？我们当时的年轻人都很惆怅。

1979年，供电站改名为供电局，大家听这名字就知道，供电局工作更稳定，心也逐渐放下了。好景不长，1981年，电厂因为缺乏燃料，彻底停产了。电厂和县供电局随即合并，所有电厂员工都到了供电局。从1981年开始，亳县的电力供应全靠外地了，本地没有电厂，电力供应日趋紧张，停电频繁。部分主要单位和区乡还配置了15千瓦发电机组，供停电时照明和播音使用。

我刚到供电管理站工作的时候，站里的一把手是李兴平，他是水电局负责人兼供电站站长，张殿祥是副站长，负责供电这块，我们都听张殿祥的指令工作。我刚一开始来供电站的时候就在35线路班，负责35千伏线路的架设、施工和日常维护之类的工作。我记得当时双沟要建变电站，我们就去双沟施工，那时候交通不方便，一去就是一个多月，工程不结束都回不来。在双沟，从竖电杆子、放电线到拉线，一点一滴都是我们自己干的。等回来的时候，整个人都变了样。那时候干工程就这样，苦、累、没办法，生产生活都需要用电，就只能加班加点工作，这样才能保障群众用电需要。

1975年，局里开始在主要的集镇建供电所。当年5月1日，我被分配到十八里供电所。那时候亳县地区供电所少，只有十八里供电所、十九里供电所、张集供电所等10个供电所，每个供电所负责的范围很大。像十八里供电所负责现在去阜阳的高速路口以西到涡河以南这一大片，但是所里员工少，包括我在内就5个人，工作量很大。好在那时候农村大队里都有农电工，一招呼，农电工就都来了，我们工作也好开展些。从1969年开始，农村就开始建设农业用电设施，主要用于井灌。那时候农村主要就是10千伏的井灌线路。我在十八里供电所的主要工作内容是井灌、乡镇工业、农村照明用电线路的维护、日常抄表等工作，当时农村用电其实还是不多的，主要照明都是煤油灯。

西关变电站到十八里就一条主线到底，后来的支线是我们那时架设的。现在的芍药花海就是以前蒋里大队的范围，那边的支线也是我们架设的。虽然我只在十八里供电所工作了大半年，但也把管辖范围都跑了个遍。农村范围大，交通不方便，尽管局里给我们每个人配了一辆自行车，但还是最怕下雨天停电，遇到抢修任务，人和车都泡在泥里，又急又无奈。夏天，我们顶着高温爬杆子作业，从杆子上下来的时候，衣服全湿透了，都能拧出一壶水。

在十八里供电所工作了不久，我就被调回了局里。现在人民路门口这小楼就是1977年建的，那时候在阜阳地区没有供电局自己盖楼的，我们亳县是独一个，在当时建设得相当气派，这也证明了我们亳县供电局搞得比较好，发展比较红火。

1978 年，农村开始搞家庭联产承包责任制，亳县的电力供应也逐渐紧张，农村电力一时难以正常供应，农忙季节只能压缩县城里的用电以确保农用电的正常供应。20 世纪 80 年代的时候，电力供需紧张，局里除了对化肥厂、酒精厂、古井酒厂等骨干企业保证供电外，对其他企业都采用了轮流停电或者白天停电、夜晚生产的方式。

我们那个年代，不仅电力紧张，很多资源都很紧张。即使到 80 年代，计划经济还是占大头，买东西都得靠指标。局里要买辆摩托车，安排我和另一个同事去河南偃师的摩托车厂采购，我们之前也去过，没有指标被人拒绝了。好在我们找的师傅人好，让我们俩在偃师多住一段时间，半个月之内想办法给我们搞到指标。后来指标还是没有，师傅看我们一直在偃师住着，风餐露宿，不忍心让我们空手而归，就每天给我们带出来些零件。大概又过了月余，终于凑够了主要零件，我们才离开偃师，把零件运到上海，找人组装，千方百计才弄到局里要的摩托车。1990 年，公司有自己的车了，一辆解放车、一辆嘎斯车，嘎斯车也是组装的。当时买原装的车难，省里下指标才能买。我记得我当时到洛阳车辆厂去取车，到了洛阳，对方说得到北京签字，才有车给我们。我又从洛阳到了北京，找了水利电力部的相关领导，等部里领导好不容易签字同意，连夜又赶回洛阳才拿到车。

随着改革开放的深入，社会各界的用电需求量日益提升，供电局的施工量和施工密度也不断增加。1986 年，亳县已经有 110 千伏变电所 1 座、35～56 千伏变电所 5 座、变压器 6 台。县里的变压器安装量也在每年激增。希望年轻一代能够认真学习安全规范，保障电力安全运行，更好地为人民服务。

第六节　李兰珍：从营房到计量

1975 年，我从部队转业回乡，到供电局电力计量专业岗位工作，从班员到班长，一干就是 28 个春秋。

从第一块表计校验开始，班长手把手地亲身示范，同事们将业务知识倾囊相授，我的业务水平不断得到提升。就这样，同事耐心地指导和鼓励，就算再迷茫也能找到出口，就算工作再累心里也乐。工作刚开始的时候，我偶尔也会和客户发生争执，后来试着从客户的角度去看待问题，思想就通了，行动就自觉了。

记得刚参加工作的时候，物资相对匮乏、电力装备落后，校表的效率和今天不可同日而语。那时候，乡镇电力客户校表，骑自行车需要赶半天的路程，加上校表的时间，起早贪黑是常态。后来随着技术的更新，校表台可以安装到乡镇供电所了。为了让电力客户少跑路，我们就到乡镇逐个驻点校表。一辆自行车，夏天带着蚊帐，冬天绑着被子，行驶于乡镇公路，服务于千家万户。特别是夏天，那时候供电所条件很简陋，经常需要加班加点。校表的地方夜晚很亮，吸引蚊虫特别多，为了完成工作任务，要把全身上下衣服裹得严严实实，完成任务后就像洗了一个热水澡。

涡河第一条跨河线路的架设，在当年是举全公司之力完成的大事。我很自豪地参与了这个项目。我已记不清那条线路的名称，但我记得这条线路的架设，解决了涡北地区电源点薄弱、老百姓用电难的问题。我的记忆里，架子车、链条葫芦、人海战术等依然清晰如初。在那个缺少大型施工机械的施工现场，链条葫芦是起吊大型设备的"利器"。当时施工现场架子车满载电力材料来来回回，涡河两岸人头攒动，一派热火朝天的景象。我当时具体负责的工作是线路两侧关口计量，我提前完成了任务后，没有回去，留在了现场。因专业不对口，在立杆塔、架线路的主要工作上帮不上忙，但我积极参与了其他的工作。一个多月的施工时间里，我和同事们一道驻扎现场、通力协作。因为集体，所以团结；因为集体，所以坚持；因为集体，所以协作一致。

在我退休前的第二个年头，恰逢公司开展电力计量机械表更换为电子表专项工作。当时社会上对供电公司的低压计量体系存在质疑的声音，亳州技术监督局也介入调查，公司面临的外部压力巨大。技术变革必须配套技术监督体系管理，这对整个公司计量体系的冲击无疑是巨大的。

公司需要尽快回答社会质疑，需要向政府部门提供计量体系资料。这对校表工作也提出了更高要求。设备要更新、装备要换代、人员要培训、制度要完善，这无疑是个艰巨的任务，即将退休的我，义无反顾地接过了这个重担。从计量校表，到表计安装、问题探讨、制度建立，我不断学习、不断摸索。最终，在全体人员共同努力下，亳州公司整体的低压计量体系成功从机械表更换到电子表时代。

我以"钉钉子"的精神，扎根在计量的一线、扎根在公司的基层、扎根在最需要我的地方。

第七节　孟献富：路灯下的电力人

我1958年入伍当兵，1969年退伍转业后进入亳州供电公司。1962年，我有幸加入中国共产党，荣获"光荣在党50周年"纪念章。

退伍的时候，亳州还没有专门的供电单位，当时管理亳州电力的单位是在亳州政府下面的一个三化办公室。当时县政府对三化办公室也比较重视，专门配备了一辆小汽车。由于我在部队进行过车务管理，正好会开车，就在三化办公室内既当工作人员又当司机。

我刚进三化办公室的时候，正在搞35千伏的电气建设，成立了供电站，主要是开展乡镇电气建设。这段时间，我见证了亳州电力由小到大、由粗到精、由"所"到"局"的整个发展过程，以及电网由35千伏到110千伏、再到220千伏，电源点由亳州2台小机组的孤立电网到与淮北的联网、再到与整个安徽省电网紧密联系的过程。

后来由于工作需要，我专门从事亳州路灯所的管理，直到退休。亳县路灯所组建于20世纪70年代，是建委下属的专门小组，由于成立之初只有3个人，所以又叫"路灯三人组"。当时全市共有路灯32盏，这32盏路灯，是我们给漆黑的亳州街道带来光亮的起点。

党的十一届三中全会召开后，亳州城市规模越来越大，街道也越来越多。但是依然只有几条主要干道和小街有一些小路灯，而且亮灯率不高，维修能力有限。就算没有损坏，由于当时的路灯采用的都是老式白炽灯，晚上照亮也非常有限。这导致亳州城区成片的区域，一到晚上就都是黑灯瞎火。原有的路灯管理人员、运维水平、路灯建设速度等跟不上城市发展的需求，远远满足不了人民群众的需要。因此市建委向市委反映，让亳州供电局接管路灯所，彻底解决城市发展与路灯管理水平不匹配的问题。

当时供电局内部也进行了反复衡量。因为当时路灯事业和供电事业截然不同，供电事业是为广大人民群众提供电力服务，要求就是减少供电损耗，提高自身利润。但路灯事业是纯消耗的，看不到任何盈利，还要占用人力管理。当时供电局还是政府下面的单位，经过反复讨论，局领导最后决定服从政府安排，把亳州的路灯事业接管下来。

1987年12月24日，亳州市委常委和市长办公会议研究决定：亳州供电局成立路灯所，路灯由市建委移交市供电局管理。当年12月30日举行了移交仪式。当时全市共有路灯48盏，而且均为手动控制。亳州供电局成立路灯所，这在省内甚至全国都是极少见的，因为其他地市的路灯管理机构都在政府部门。这也是亳州供电人为亳州人民的路灯事业所做出的贡献。

1987年，供电局成立路灯所后，指派我去路灯所任所长，管理亳州全部的路灯。接手之初，亳州的路灯状况非常差，主要表现在路灯数量少、路灯质量不高、亮灯率不高、路灯规划建设缺失、路灯控制方式落后等。

要解决这些问题，不但需要政府、供电局的支持，也需要全体员工的付出。首先，我写报告反映亳州路灯事业的状况，要求政府提高路灯的电费补贴。路灯体现着一座城市的发展水平，市政府最终决定提高2分钱的电费补贴。别看每度电只提高了2分钱，对于整个亳州路灯事业，那就是一笔不小的收入，可以解决很多实际问题。利用2分钱的电费补贴，当年我就完成了亳州全部路灯的更换，换上了亮度更大、使用寿命更长的新式路灯。更换路灯后，到了夏天，路灯下乘凉的老百姓多了，甚至还有在路灯下写作业的学生、纳鞋底的妇女。

路灯亮度、寿命问题解决了，但还存在路灯控制落后、运维强度大的问题。每天晚上，我们的工作就是一路一路地去送电、一条街一条街地去巡视，最后再把路灯一路一路地断电。风雨无阻，节假日不休。即使这样，群众依然会有意见，因为晚上先送谁的电、后送谁的电是个问题。假如路灯今天坏了，明天晚上还修不好，就会有群众打电话反映。当时供电局专门派出电工增加我们的巡视力量，不但晚上巡视，白天也会对老旧路灯进行亮灯试验巡视。主要目的就是通过这种密集的巡视，及时发现问题，进行更换维修，保证亮灯率，提高人民群众的满意度。

通过几年的管理，我发现路灯不但是一个城市的形象，也是供电局的窗口服务单位。如果搞好了，对公司是个加分项，政府表扬供电局，大家脸上都有光。路灯所搞好了，大家都会认为供电局的管理水平也提升了。

随着时间推移，在各级领导的关怀和支持下，经过路灯所全体人员的拼搏进取，我市的照明事业走向了良性发展轨道。1989年，已建设了15条街道的路灯，共1053盏。1998年达到4873盏，而且消灭了白炽灯，取而代之的是第三代新光源高压钠灯2606盏、汞灯1888盏、高效节能灯579盏；年耗电量6499.9万千瓦时，街道通电率达65％，亮灯率达98％以上；路灯的控制也实现了电脑自动控制。伴随着京九铁路南北贯通，第三代新光辉路灯直达火车站。亳州市路灯所先后被省、市评为"先进单位""先进党支部"和"文明标兵单位"，1998年荣获"全国首届路灯景观大选先进单位"称号。

在我从事路灯事业的十几年里有这么3件让我难以忘记又比较欣慰的事。第一件事是路灯所从无到有。刚成立路灯所时，整个路灯所就只有马路上的路灯和我手里"亳州路灯管理所"的牌子，没有一个固定的办公地点。当时路灯所员工最经常干的3件事就是开关灯、换灯泡和搬家。没有固定的工作场所，不但不利于路灯事业的发展，也不利于供电员工长期安定地工作。既然我是所长，我就要考虑基本建设，为供电职工解决生活困难的问题。这一想法得到了当时供电局领导的支持和认可，在局领导的支持下，我就在现在魏武广场北侧征了6亩地，建起了办公场所和职工家园。这既解决了办公问题，也解决了职工生活用房的问题，稳定了路灯所职工的情绪，促进了路灯所的工作，还为供电公司攒下了基业。虽然在征地、盖房子期间也遇到一些阻力，但是干事业，我不后悔，只感到欣慰。

第二件事是亳州市魏武大道的路灯建设。当时魏武大道建设是亳州的头等工程，市领导很重视，要求魏武大道路灯与道路同步投运。在局领导的支持下，局里抽调专职电工，不分黑夜白天，不管刮风下雨，铺设线路、架设路灯、安装灯泡、调试控制。在集体的努力下，我们如期完成了魏武大道路灯亮化工作。当时市长特地夜里开车检查魏武大道亮化工程，一条10千米的魏武大道，两边灯光熠熠，一路灯火通明，很是壮观漂亮。当时市长下车后就说："魏武大道工程的所有参建部门，就应该向这亮化工程学习，把魏武大道建成亳州的百年工程。"

后来亳州市政府为表彰魏武大道的参建人员，对他们进行了奖励。我们供电职工的付出得到了领导的认可，这也是所有亳州供电人努力换来的。

第三件事是珠海的全国路灯景观展览，我拍摄的魏武大道路灯照片在参展作品中获了奖。这次获奖，不但展现了我们电力人的工作成果，也向外界展示了亳州城市建设的成就。

此后，我在路灯所一直工作到退休。后来由于各种情况的变化，路灯所又被市政府收回去了。亳州市路灯所，从无到有，从不知名到有名气，全体电力职工付出了许多艰辛和牺牲。我为能从事电力工作而自豪，也希望现在的电力工作者能够本着"人民电业为人民"的宗旨继续谱写亳州电力人的辉煌。

第八节　王文欣：干一行，爱一行

1961 年，我毕业于亳州一中。1964 年，我考取安徽水利电力学院（于 1969 年并入合肥工业大学）发配电专业。在校期间，我深知学习机会来之不易，因此对时间规划得非常细致，像海绵一样吸收知识。

1972 年，柴油机厂拆分出电机厂，我被调到电机厂，在学校学习的知识有了用武之地。我开始负责电动机、电风扇、新型脱粒机等设备生产的技术指导。后来电机厂因效益问题，又重组为齿轮厂。当时没有跳槽一说，虽然工厂不景气，我却在齿轮厂扎根了下来，一干就是 10 年。

1982 年 6 月，安徽省响应落实知识分子政策，我又被调到供电局。因为我在齿轮厂时就是负责路线教育，有经验，而且又是新来的面孔，就被临时抽调去配合检察院。在此期间，由于工作能力突出，且有勇有谋，我得到了检察院同事的一致称赞。在借调期将满时，检察院多次邀请我去他们单位工作，但都被我拒绝了，因为我喜欢上了供电局的工作环境。

"一个人若是没有热情，他将一事无成，而热情的基点正是责任心。"1983 年，我在供电公司安保股担任用电安全员一职。当时的现场管理不够规范，对员工和用户都没有严格要求。不仅职工干活不规范，而且用户存在私搭乱接现象，我们在安全巡视过程中，经常会碰到用电不当导致伤亡的案例。

那时候的工作真的是很难，有时候也会出现极端状况。因此，我到现场处理事故的时候，经常感到身心俱疲，有时甚至伤痕累累。到家后，丈夫看着我身上的伤痕心疼地埋怨道："你看看你这一天天把自己搞成什么样子了？家里又不指望你挣钱，不如就安心在家休息吧！"我听了这话也变了脸色，就坚定地跟他说道："我既然选择了这份职业，就要干好，怎么能因为一点困难就放弃呢？我热爱自己的工作，就要对这份工作认真负责，不管工作有多么琐碎，我都要认认真真地完成。因为这是我的工作，我必须负起责任，努力做好，这样才能成为一个对社会有用的人。"丈夫看到我对自己的工作竟然有这样的热情和执着，也逐渐开始支持我的事业。

干一行，爱一行。爱岗敬业、甘于奉献是在平凡工作岗位上争创佳绩的最好诠释。1984 年，我担任亳县供电局用电股长，负责主持开展反窃查违专项工作。那时候亳州的供电环境不好，偷电现象频发，大部分都是晚上偷。我们经常需要半夜突击检查电表，经常蹲点到夜里 12 点多。由于偷电的人往往集体作案，因此每次突击检查，我们都要至少五六人一起，避免被发现后遭到偷电人员的围殴，所以每次执行任务，总是胆战心惊。就是在这样的环境下，我们一次次与窃电分子斗争，逐渐改善了供电环境。

我从一个看到老鼠都吓得大惊失色的小姑娘，成长为不怕风雨的"女汉子"；从怕黑不敢走夜路，到能在漆黑的夜晚精确找到自己辖区的每一个电表。艰苦的环境，磨砺着我的心灵，让我在适应各种环境中倔强成长。

时光荏苒，在响应号召成立安装公司的第三年，也就是 1987 年，我又被调到安装公司工作，担任业务经理。我主要负责业务及路灯安装（涡河以北路段）。然而路灯安装这样利国利民的事情，竟然也有重重困难。首先是开路困难，安装线路主要靠挖好沟后再埋设电线。在安装涡河以北及寿春路路段时，建委不同意在已经修建好的道路上挖坑埋线。我作为当时的负责人，一次次往建委跑，终于在多番交涉下，顺利完成该路段路灯的安装。当时我们亳州不具备自己的设计力量，安装路灯需要到合肥请人设计，花费很多。后来，我就把图纸拿来，对着施工现场，一点一点地研究，最后不用请人，我自己也能知道怎么设计。为了使路灯更好地照明，我还自己设计了高杆塔。喷泉广场的路灯就是我设计的，直到现在也没有拆除。

后来我又承接了化肥厂专线 35 千伏线路施工。为了保证施工质量，我从阜阳市请专业技工施工，用的是合肥开发厂的铁塔。当时正值三伏酷暑，天气炎热，铁塔在烈日的暴晒下格外烫手，攀爬上去施工尤为困难。为了保证施工人员的安全，我就让工人下午 3 点钟才开始上班。即使这样，工人们仍叫苦不迭，裸露在外面的皮肤，挨着铁塔就烫坏了。更麻烦的是，我们不仅要忍受炎炎烈日带来的不适，还要面对更棘手的问题：施工场地农民的阻挠。当地农民认为修建铁塔需要挖坑，会破坏庄稼，因此讨要清苗损失费，甚至有人不给钱就躺在施工路径上阻挠开工。几番交涉无果，而施工时间又紧张，耽误不得，我只好自掏腰包付给农民，这才使工程得以顺利进行。但时间再紧急，我也不曾忽略员工们的安全问题，特别是一些解暑物品和急救物品，我都要经常检查，看看是否存在不够用、过期的情况，并反复叮嘱工人一定要注意安全。

1991 年，我又调到亳县供电局担任安全及技术培训工作，培训地点在汤陵公园，这期间培养了很多的业务骨干。1994 年，安徽省公司通知阜阳地区成立电力实业公司，包含物资供应公司、工程公司，要求各公司自负盈亏。我担任总经理，负责给各部门分配任务。由于是自负盈亏模式，我的压力很大，整个公司各种开销都压在我身上。我从县里争取到了承接黄淮海工程，想通过该工程维持员工生活及公司开销。黄淮海工程主要内容是给农民建小变电站，因此需要天天下乡与农民打交道。但农民的素质良莠不齐，变电站建好后有的农民偷砖、偷电器零件、铜线等，我们不断修复而设备不断被破坏。为了维护好现场，甚至连过年，我也要忙碌在工地上。本以为依靠黄淮海工程能维持员工生活，但工程款却迟迟未拨下来。我多次到县里去讨要工程款，也总被相关人员推三阻四。在这种情况下，公司员工的生活难以为继，还有一些人连医药费都付不起。我不忍看到这种情况，便负责了困难员工的药费。但工程款迟迟不下来，解决不了根本的问题。于是我又多方奔走，终于在朋友的帮助下拿到了工程款。

1995 年，电力实业总公司成立，后改名为益源公司。虽然又承接了新建古井酒厂线路专线建设，但是公司上下仍艰难度日。因此我开始寻找别的出路。当时的亳州，没有卖空调的，我就在朋友建议下，决定成立空调公司。在之前省公司学习时结识的蒙城朋友的介绍下，我认识了卖空调的地区经理，打通了供货渠道。由于空调公司刚成立，资金紧张，我牵头集资，买了头一批空调，为刚成立的空调公司带来了第一桶金。当时没有物流公司，没有快递，所有的运输都靠着人力三轮车。有一回在运输途中，走在蒙城至亳州的荒芜道路上，天上下起了瓢泼大雨，前不着村后不着店，我既担心空调被雨淋坏，又担心空调被人抢走，大家的血汗钱打了水漂，急得直落泪。到了傍晚终于天放晴了，空调安全拉了回来。

以后不管什么情况，我总是亲自到蒙城县去拉空调。皇天不负苦心人，我们就这样骑着三轮一趟趟往返于亳州与蒙城，终于，空调在亳州大卖，出现了供不应求的局面。

2001年，我退休了，回顾在电杆厂、广告公司、物资公司、安装公司、空调公司等单位的工作历程，我自觉没有虚度光阴。

第九节　武宝林：编写电力志的尝试

1972年，高中毕业后，怀着报效祖国和参军光荣的梦想，我在亳县应征入伍，在山西二十八军某炮兵团服役14年。1975年，我加入中国共产党。1986年，我从部队转业，被分到亳县供电局。上班后，我的第一项任务就是协助编写电力志和电力系统组织史。在此期间，我们查阅了大量的档案资料，走访了很多原电力系统的创业和经历者。通过此项工作，我进一步了解了亳州电力从无到有、从小到大的历史沿革，了解了老一代电力人克服困难、艰苦创业的拼搏精神。

走访中印象最深的是访问老同志李兴平，他是一位新四军老战士，也是亳州电力创业者之一。受访时他已退休，退休前他曾任原亳州水电局副局长兼原供电站党支部书记。得知我们的来意，老人家很激动，当时他已是重病在身，硬是用一根背包带绑在床头上用手拉着坐起来。他讲起历史便滔滔不绝：从抗日战争打游击到解放战争南征北战，从如何留在亳州到负责亳州水电，从组建三化办公室到改制供电站，从集资办电到送电下乡，谈了很多体会。

讲到动情处，老人家感慨："现在农村中有很多老百姓还在推磨，点煤油灯，我心里难受啊！"这朴实而真诚的语言算不上什么经典，但却让我感动，至今言犹在耳，记忆犹新。一位为革命奋斗了一辈子的老党员，在自己重病缠身、生命垂危的时候，心里还想着党的初心、百姓的疾苦、用户的需求，这是何等的思想境界？不得不让人心悦诚服，肃然起敬！

1987 年，古井酒厂扩建，电力需要增容。由于时间紧任务重，当时的局领导决定选派精兵强将完成这项艰巨的任务。内线布置和设备调试交由郭乃恩、李松青和张道荣等几位老同志负责，他们技术精湛，经验丰富。对于外线工程和内线照明部分，局里组织了"青年突击队"，突击队队长是张辉，成员有刘荣海、陈建立、单凯、张平和郭建民等十几位同志。此时的郭乃恩和张道荣两位老师傅已经办理了退休手续，按理说可以在家颐养天年了，可是当听说单位需要他们，二话不说，打起背包就出发了。他们吃住在工地，没有节假日。农历六月，天气那个热啊！几位老师傅光着膀子赤着脚，肩膀上搭着一条毛巾，身上的大裤衩每天都是湿的。他们忙碌在电缆沟里和配电房里，累了顾不上休息，渴了顾不上喝水，关键时候连汗水也顾不上擦。白天他们劳累一天，到了晚上他们席地而卧，还要忍受着蚊虫的袭击。

"青年突击队"也不示弱，他们手拉肩扛，立杆、架线、穿墙凿洞。小伙子们个个干劲十足，从不叫苦叫累，有的还风趣地说："老天爷对我们真好，天天请我们免费洗桑拿！"当时的这些小伙子，大多数都是未婚青年，有的还处在热恋中，但是为了工作，为了事业，他们放弃了与情人的约会，日夜奋战在自己的工作岗位上，奋战在火热的工地上，堪称时代的先锋！他们无愧于"青年突击队"的光荣称号！突击队队长张辉同志后来被评为省级"劳动模范"。

提到亳州电力的发展，不能不说原局领导的表率和带头作用。其中有两位干的时间最长、贡献较大的老领导。一个叫石心亭，一个叫韩振廷。他们都是老大学生，后来进修为高级工程师。他们在原供电局长期担任副局长职务，一个分管生产，一个分管经营。为了送电下乡，原供电局在农村的供变电所基本上是他们主持规划、设计与施工的。

有一位老师傅曾说，那时候他们送电下乡，没有汽车用板车，没有起吊设备就用土办法手拉肩扛，常常是半夜出发，天亮赶到工地。那时领导和他们一样，身先士卒，干在第一线，扛杆子拉线冲在前。

1987 年，化肥厂线路改造需要从药材街跨越涡河。当时正是一个大热天，电力工人施工时都是汗流浃背，衣服可以拧出水来。后来我们为了给用户提供优质服务，不影响居民用电，开展了"零点行动"，就是将检修工作安排在凌晨，零点开始准备，两三点左右开始施工，一直干到天亮。

1989 年底，局里召开总结大会的时候，金汉文局长激动地宣布公司电量突破 3000 万度。回顾这二三十年，亳州电网发生了日新月异的变化，目前电量不止翻了 20 倍，而且从人工抄表催费发展到现在的集抄网上缴费，从人工巡线发展到现在的无人机巡线。

我刚上班的时候，供电公司只有一个 110 千伏西关变电所，薛阁变当时还在建设中。我还亲历了汤陵变筹建工作，犹记得汤陵变筹建时共占地 22 亩。

1997 年，局里开始做"村村通"工作，紧接着就做"户户通"。20 世纪末，亳州家家户户都用上了电。老百姓的感受是最真实的，他们当时欢欣鼓舞的样子，我仍记忆犹新。

我算是共和国的同龄人，1959 年，我 7 岁了。当时虽然已经完成社会主义建设，但人民生活普遍很困难，"犁地不用牛，点灯不用油"是当时老百姓的向往，电灯、电话也是我们的梦想，更不要说彩电和冰箱了。

在中国共产党的坚强领导下，我们的社会主义祖国建设成现在这么强盛，人民过得非常富足，生活较以前发生了翻天覆地的变化。小康社会是邓小平同志于 20 世纪 70 年代末 80 年代初在规划中国经济社会发展蓝图时提出的战略构想，历经四十余年，在建党一百年之际，我们终于完成了这个目标，这都要归功于党和人民。我们应该记住富足生活的来之不易，感恩为建设社会主义祖国做出贡献的人，感谢党的领导，所以我们要一如既往地坚决拥护党、爱党，听从党的领导和安排，不怕困难，勇挑重担。

对比以前，现在抄表不用人工了，电费在手机上点一点就交了，营业厅人员服务态度也很好，办理业务跑一趟就行，"人民电业为人民"的宗旨体现得一览无余；拉闸限电的历史也已经一去不复返，彻底扭转了电力局是"电老虎""电霸"的负面形象。我希望以后我们供电公司的同志们也要记得，以前每一根栽下的电线杆上都有老一辈电力人洒下的汗水。

我因为参与过以前《亳州电力志》的编写工作，采访过很多老前辈，有南下的八路军、新四军和思想开明的资本家，他们都是坚决服从党的领导的好同志。在以前那么艰苦的条件下，他们无私奉献，敢于拼搏，付出了汗水和青春，守护着亳州的电网。正是因为有一代代的电力人前赴后继，才建设成现在这么坚强的亳州电网。所以，未来的电力人要珍惜我们的电网，更要努力奋斗，把国家电网"人民电业为人民"的宗旨时刻牢记在心。最重要一点，是要坚定共产主义信念，坚决地跟着党走，我坚信未来我们的电力事业在党的领导下会更上一层楼，新时代中国特色社会主义事业会更加辉煌。

第十节 杨淑华：计量就是质量

1958 年，我刚刚 16 岁，便在阜阳纱厂参加工作。1960 年，国家农业生产跟不上，没有棉花，也就没办法生产，阜阳纱厂因此关停，我也成了当年的"下岗工人"。

从阜阳回来以后，因为我有下岗证，所以劳动局给写介绍信，介绍我到了房产管理委员会。我当时的工作就是到属于房产管理委员会管辖的住户家里去收房租。当时的房租也不贵，一个月也就两三块钱。后来政策改了，房子分配，房租不收了，这个工作也干不成了。1962 年，我到了当时的亳县财政局，主要工作就是负责打字。当时亳县各个部门没有几台打字机，也没有几个人会使用打字机，所以我成了那个年代少有的技术工人，掌握了"核心科技"。

1965 年，我调到亳县电厂，才算是真正进入了电力系统。电力管理的基层单位当时还叫供电站，供电站自发自供，发电、输电、装表都是自己管理。1968 年，供电站并入了当时的淮北电网，电力的建设、运维都归了淮北管理。1969 年，供电站体制再次发生改变，供电站和县水利局合并成立了水电站，这个水电站可不是建在大江大河上面的水力发电站，而是水利电力管理站的意思，后来又改名叫三化办公室。

因为我会打字，而且打字打得好，又打得快，所以水利局想让我去专职负责打字。财政局也希望让我再回去打字，但我想着，人这一辈子，不能一直打字，这个活技术含量并不高，我还是想锻炼提升电力技术。最终我决定还是搞计量、校电表。

1972 年，供电站和水利局分开，供电站也挪到了新办公地点，位于今天的人民路阳光公司附近。1975 年，亳县供电局正式成立了。这个"局"和现在的"公司"不一样，供电公司是国有企业。以前的供电局是行政单位，由政府管辖，肩负政府职能，有执法权。

1972 年，我开始带徒弟，当时在系统内搞计量的都是有一定技术与学历的人。我和这些徒弟一起搞维修、校表，我也是亳州供电第一批专业搞计量的人。1977 年，局里将我调到了工会，干了三四年的工会主席，那个年代的工会还要兼职搞计划生育。当时计划生育管理工作压力很大，好多职工到我家里反映问题，甚至闹事。我只能耐心向大家解释国家的政策要坚决执行，安抚大家的情绪，引导广大职工履行计划生育这项基本国策。虽然经历了一些挫折，但我们最终还是落实了政策，得到了广大职工的理解。

1981 年，我再次回到了校表室，回到了我最热爱的工作岗位。当时校表室一共才 5 个人，所以每个人承担的工作量都很大，但没有人叫苦叫累。1990 年，张昊、王军、孟娟、刘丽、杨慧娟等新人参加工作，我又带着这批徒弟工作。

以前的电表都是走字的，现在都是电子的，虽然当时的电表技术含量不高，但我们校表、接线可都是一个个螺丝地拧、一根根线地接，坏的电表也都是一块块打开去修理，拿着铜丝去焊。现在坏的电表都是整块换新的，不会修理再次利用，也没有人需要这项修理技能。这一干就又是 15 年，直到 1996 年，我从计量室退休。

在工作中，我印象比较深的事情有几件。第一件事发生在 1985 年，公司大楼盖起来后，单位买了第一个校表台。那时候都是自己组装，也没人指导，也找不到功率表，我们计量室的几个人都是干到半夜，大家想办法用其他表整合代替功率表。后来带徒弟时，我都是手把手一个个地教，把我所掌握的技术、技能倾囊相授。现在的技术发达了，校表比那时候方便多了，速度也快多了。我去看过咱们的新校表台，表计可以直接挂上去，简单接几根线，就可以启动电脑程序，科技进步给工作带来了很大的便利。

第二件事是计量升级考核。这是企业晋级的一个重要考核项，计量不达标，企业就不给晋级。当时我们都是连天加夜地干，好多个夜晚都是到凌晨一两点钟才完成工作任务，只能在单位凑合着睡一会，第二天继续工作。

第三件事是参加全国计量大会。我被派到河北邯郸开会，自己一个人去。那时候出差非常麻烦，我要先坐车到江苏徐州，转车到河南新乡换车。等到了邯郸，我发现来早了，比他们通知的报到时间早去了几天。当时可不比现在，没有介绍信，就没办法入住招待所。幸亏会议组织方还挺好，带着我参观了他们的供电局，还安排了住宿，虽然是大通铺，但解了燃眉之急。

现在的亳州供电公司发展很好，对我们老职工很照顾，每年组织慰问与体检。大家的日子越过越好，我们要感谢党和国家的领导。

第十一节　张殿祥：亳电起跑 30 年

1953 年，我参加工作，直到 1994 年退休。1956 年以前，亳州地区的电是城北柴油发电机发出的，是私营的，只有晚上发电，白天机组就停了。总共 2 台机组，分别是 60 千瓦的蒸汽机和 80 千瓦的柴油发电机。晚上只供应电影院和附近一些照明，那时候电还是比较稀罕的。

1958 年，我从十河区政府调到发电厂，当时的发电厂已经是公私合营了，叫建业电力公司。发电厂车间也就一间房子，200 多平方米。1958 年底扩容后的装机容量才 1500 千瓦，还抵不上现在的一个小变压器。1964 年，公司投资 240 万元，又增加一台捷克斯洛伐克进口的 1500 千瓦机组，这样总装机容量达到了 3000 千瓦。也是在这一年我到省电力局学习发电、财务及运行管理，共计学习半年时间。

当时的供电范围不光是亳州城区，周围的乡镇也要供。当时主要电力负荷是照明，当然也有少数几个制铁厂。最开始的合营公司只有 20 多名员工，到 1964 年底有员工接近 200 名，分成 4 个班。

1970 年以后，亳州的电力来源已主要由淮北 110 千伏线路经过涡阳县送到亳州，项目是经过安徽省政府批准的。我参与建设了 110 千伏亳州变电站，这个变电站最初只有 1 万千伏安容量，终期增加了一台 2 万千伏安的变压器。那时的淮北电力还归徐州管辖，直到 1973 年之后才划归安徽。当时我们亳州农村用电发展慢，为了把电送出去，亳州与鹿邑县各投资一半，架设了 35 千伏输电线路，再从 110 千伏亳州变送电到河南省鹿邑县与郸城县。

20 世纪 70 年代，国家开始限制电力负荷，当时叫调和用电，即在每条线上限制电流大小，电流超过一个值直接就跳闸，倒逼用户节制用电。那时候频繁停电，若连续 3 次停电，就不会安排再送电。

亳州当时的用电大客户是河北化肥厂，我们当时要确保亳州河北化肥厂不断电，该厂有 1000 多千瓦的负荷。

过去供电量较少，1981 年亳州全年的用电量也就 9000 多度。改革开放后，为了大力发展电网事业，为经济发展提供电力保障，由水利水电部投资，供电部门加大了主配网的施工。同时，也改革了投资体制，根据《供电营业规则》，收取安装变压器的铁费，最多 1 千伏安收取 100 元，有点"以电养电"的意思。

当年我们架线施工全凭人力，电线杆用木桩滚到田地里，然后再由工人们搬运到基础旁边。那时候的人只要求吃饱饭就行，大家干得热火朝天，基本不谈报酬，就是为了让老百姓尽快用上电。

我们这一代人没有经历过正规的教育，只在私塾里念过几年，还是全凭死记硬背。我 18 岁参加工作，一路从解放战争走过来。解放战争的时候打徐州，我还帮着解放军运送过柴火和粮食，我把毕生都奉献给了社会主义建设。

解放前能吃上红薯、馒头已经是很幸福的事情，是中国共产党给我们的生活带来了翻天覆地的变化。作为党龄超过 60 年的老党员，我获得了"光荣在党 50 年"纪念章，这对我来说是无上的荣誉。我们共产党员无论什么时候都不能忘记自己的初心，要在有生之年为共产主义事业积极贡献自己的力量。

从最早的 10 万千瓦的发电机组到如今的 60 万千瓦发电机组，从火力发电到风力、太阳能及生物质发电等，从过去的单网运行到如今的区域联网，从以前的人力施工到如今的机械化施工，电力事业的发展经历了一场大的变革。相信在中国共产党的正确领导下，国家会越来越昌盛，人民生活会更加幸福。

第十二节　郑念平：平安一生就是福

1964 年，我入职亳县电厂。第一个单位是亳县电厂供电营业所，那时候供电营业所地址在现在的爬子巷，我负责那一片的运维收费工作。当时公司条件比较艰苦，没有自己的办公地点，营业所都是租的。

亳县电厂成立于 1958 年，当时只有四五十人和一台 150 千瓦机组。那时候发电厂和供电公司合为一家，负责发电、输电与卖电。我在供电所工作有四五年，再到电厂从事配电运行工作，后来又搞机电维修。公司改革之后，我就进入了十八里供电所，在那里工作了一年多。后被公司调往办公室工作，一直到1997年退休。

亳县电厂虽小，但发电、供电与管理都有专人负责。供电营业所的工作人员就更少了，正式工、临时工加起来只有八九人。而且供电范围小，只有几条街，仅仅为主干道旁边的住户，还有政府、企业等供电。

亳州电厂起初的发电装机容量是150千瓦，放到今年来说，很可能不够一家企业的供应。但那时候没有几家用电单位，电网建设还没有普及到农村，因此150千瓦的电，亳县用不完，会把多余的电送到河南鹿邑县，鹿邑县的电力发展不如亳县。1964年前后，为了向鹿邑县送电，我们架设了一条从亳县到鹿邑县的输电线路，线路全长有30多千米，这已经算是大工程了。为了给工地运输物料，公司还买了一辆卡车，这是亳电第一辆汽车。这可是一件大事，要知道当时亳电自行车也仅有几辆而已。

在那个物资匮乏的时代，一块电表的造价对于普通家庭来说太高了。只有政府机构，或者邮局、银行这样的单位才会有电表。一般人家用电根本就买不起电表，当时居民用电量特别小，家里面的电器就只有一个几瓦或者十几瓦的灯泡，所以普通用户家里是没有电表的。那时候收电费会进行估价，看你家的灯泡是几瓦的和有几个灯泡。

今天我在小区生活很少遇到停电，以前动不动就会停电，而且一停就是好几天。那并不是因为电力职工不努力，相反大家工作都特别辛苦，脚蹬子、保险绳，基本上天天带在身上。大家一起扛电线杆，蹬上脚蹬子攀爬电线杆，这都是很常见的事，不像现在有吊车、挖掘机等先进工具。而且那时候也没有安全操作规范，工作特别危险。当时频繁停电多是因为电网网架结构特别脆弱，工程质量没有保障。过去电线杆特别低，都是木头杆子，8米、10米、12米，没有统一的标准。

1964年的一天，下着大雨，电线杆出现了倒杆，我们就冒雨去立杆，但是又迎来了寒流，衣服里面都结了冰。由于网架太过脆弱，这边刚把电线杆竖立起来，那边的电线杆又倒了，最后实在没办法了，只能做到多好算多好。

那时候大家作风都比较严谨，组织要求比较严格。1965年的一天，我们到涡北农电站安装设备，由于工作比较多，任务比较紧，大家一直忙到中午。我们准备返回的时候，大队书记盛情邀请我们去吃了一顿中午饭。我们感觉盛情难却，吃一顿中午饭没什么，又不是去酒店吃什么大餐。这件事被公司知道以后，对我们进行了严肃追责。大家都写了检讨书，那时候大家的文化程度都不高，大字都不识几个，写检讨真是一件特别痛苦的事情，而且我们被罚了3个月的工资，这在当时是相当严厉的惩处。

我刚进公司的时候，没有几户人家用电，电费收缴还比较顺利。但当我快退休的时候，有些农村地区出现了欠费现象。当时我们规定欠电费也不能停电，催收费工作相当困难。有一次，五马镇有一户人家拖欠了3个月的电费，别人都没办法，我一连去了好几天，软磨硬泡，苦口婆心，说尽各种好话，终于把电费收了上来。

亳县化肥厂也是欠费大户，但是我们公司积极响应国家号召，虽然他们欠了很多电费，但是我们仍然保质保量地给他们供电。

服务行业不好干，这是众所周知的事，但是正因为难做，我们更应该做好，这样才能不辜负国家给我们发的工资，对得起自己的一身本事。

大概是在1989年到1997年之间，我们被评为整个安徽省第一家省级先进企业。当时的领导是金本亮、金汉文，我们称之为"二金"。我有幸参与了这项工作。后期省内其他地市电力部门，乃至整个华东电网三省一市都来我们亳州供电公司学习。亳州供电公司之所以取得这样的成绩，是因为领导层不拘一格，选用人才。贤者上，庸者下，用的都是能打能拼的人才。选对一个人，他的周围肯定会团结三四个人，力量就大了起来，就能把企业搞好。

目前，我发现供电公司招的员工都是高学历，都是本科生、研究生，我觉得这非常必要。我平时看新闻发现专利最多的就是电力系统。知识就是力量，今天中国的特高压、远距离输电技术是世界第一，这些都是用人才来支撑的，所以电力部门员工必须要有高学历、高素质。

工作那么多年，最让我头痛的事就是搞企业升级。当时时间紧、任务重，整理资料、机构建制、人员配置以及人员职责等各方面的问题都亟待解决，且没有经验可以参考，任务下来之后都是摸着石头过河，硬着头皮坚持工作。资料内容该补的补，机构该搭班的搭班，人员慢慢配置，按要求一步一步啃。白天工作不完，就晚上加班熬通宵。最后，我们用了半年时间完成了这项工作，成为亳州市首家完成的企业。

自从参加工作，我一直也没想过去找别的出路，就安安心心做好自己的本职工作。可能因为自己习惯了这种平淡的生活——在一个单位上班，也没有什么惊天动地的大事，大家都是平平安安上班去，安安全全归家来，一年四季都是如此，做好自己的本职工作，默默地为自己的公司做奉献。

第十三节　刁克敏：追忆利辛电力

我叫刁克敏，是利辛县供电公司的一名老同志。前段时间，公司党建部的小同志邀请我写一写回忆录，我欣然答应。

我 1942 年出生，1958 年参加工作，一开始是在安徽送变电工程公司上班，先后做过送电工、管理员和材料员。1972 年，我被调入利辛县水利电力局农电组，担任外线班班长，同时负责 10 千伏、35 千伏电力线路铁线的加工、采购、保管工作。1984 年，我调入县供电局，先后担任过利辛县供电局的电力安装工程队队长、党支部副书记、供电局副局长。

利辛县供电局是 1979 年 7 月成立的。在我的记忆中，我调到供电局时，利辛县供电局只有 16 条 10 千伏线路、5 条 35 千伏线路、4 个 35 千伏变电站，办公室也只有 5 间平房，全年供电量还不到 13 万千瓦时。那时候的条件很艰苦，但是大家干工作都很卖力。1984 年 4 月，利辛县供电局成立电力安装工程队时，由于工作量小，没有流动资金。当时知识青年及职工家属一共才十几个人，发工资都有困难，于是我们本着由小到大慢慢发展的思路，先成立一个外线班、一个内线班，车间几个女同志围绕内外线安装工作，需要啥就加工啥，时干时停。由于全体同志共同努力、辛勤工作，当年就有 8 万多元的利润，这在当时可是一笔不菲的收入。

由于我们坚持"诚信为本、质量上乘"的理念，工作量越来越大，后来发展到外线班 4 个、内线班 1 个，而且开展了变压器、电动机的修理服务，也开始了电器材销售。车间增加了锯床、切割机、压缩机，既省时省力，又能提高效率。人员也增加到 80 多人，利润增加到 50 多万元。这都是全体人员共同努力的结果。现在回想起来那时候的场景，真的是历历在目。

最难忘的还是在供电局要账的往事。1997年上半年，具体是哪一天我忘了，时任供电局局长潘子亮要我去利辛县化肥厂催要电费。于是，我先去化肥厂财务科了解他们的财务情况，财务科长却说银行账面连500元的余额都没有，生产材料都靠赊，销卖了化肥再给材料款。我把这个情况向潘局长汇报后，潘局长决定：先跟化肥厂签订个协议，他们每天生产的化肥给咱们一半，让供电所帮助销售。虽然协议定了，但是由于化肥厂欠债过多，每日去要钱的都不止50人，先期还能兑现，后来就逐渐减少。我初期去时业务人员还与我打个招呼，后来见面连招呼也不打了，几乎视为仇人。他们不理我，我就主动与他们讲话，为了能要到钱，宁愿自己委曲求全。要钱不是个好差事，这话一点也不假。

还有一个让我难忘的事件就是1998年展沟镇发洪水，张集以南一片汪洋，西淝河堤坝非常危急，县防汛抗旱指挥部要求张集变电所24小时不间断送电，这对张集变电所来说是个艰难的任务。变电所知道消息后，立即集中所有人员，明确分工、各司其职，一定要完成这次抢险救灾任务。洪水消退后，他们获得了防汛抗旱指挥部的表扬。

其实，从事送变电工作期间，我对低压的一些知识是不了解的。来到供电局以后，我不懂就问，不会就学，工人师傅对我的言传身教让我记忆犹新。他们教会我供电计量管理、安全生产规则、继电器保护等知识。不积跬步，无以至千里，慢慢地，我从"门外汉"成为"行家里手"，这为后来从事管理工作奠定了技术基础。

说到对技术的钻研，我不得不想起我的老伙伴姚德运同志。利辛县电力系统的规划很重要，既要合理，又要周到。姚德运同志在利辛县的电力建设规划工作中做到了精心策划、精心设计，凡是利辛县境内用电的村庄大部分都有他的脚印。我认为姚德运同志为利辛县电力建设工作默默奉献几十年是很值得我们学习的。

有时候在想，我是比较幸运的一个人。1972年调回利辛以后，我感觉在供电局工作是很不错的，一是工作稳定，二是流动不大。一日三餐能按时吃饭，又能按时上下班，比做送变电工作强太多了。以前由于工程项目在不同的地方，今天在淮北，明天在江南，也不知一年要搬多少次家。回到家里工作，这可不就是多少人梦寐以求的事情嘛！现在的年轻人都想着往外跑，其实，在家工作才是最幸福的。

我在供电局工作，供电局就是我家，我爱我的家，只要好好工作，供电局强大了、富裕了，我的生活就会随之改变。在这里，我想寄语现在年轻一代的电力人：供电工作关系千家万户，电力行业是服务行业，利国利民。年轻人首先要提高自己的认识、增强自己的技能、提升自己的管理水平，始终把"人民电业为人民"这个宗旨记在心间，为老百姓供好电、服好务。

最后，我衷心希望亳州供电系统的同志们不忘初心、牢记使命，敢担当、勇作为、勤创新，脚踏实地地干好每一件事情，真心实意地服务好每一位客户，让我们的工作更上一层楼。

第十四节　刘学年：老骥伏枥，志在千里

我是刘学年，1973 年入党。1975 年毕业于芜湖机械学校工业企业自动化专业，同年分配至阜阳柴油机厂。1981 年调入蒙城县供电局，任岳坊供电所值班员。1983 年 8 月，调任河北电厂技术员。1984 年 3 月，任车间副主任。1985 年 3 月，任供电局专职稽查员兼审计员。1987 年任供电局秘书。1988 年底任农电管理中心站副站长。1990 年 10 月，主持农电中心站工作。1993 年任企业管理办公室主任。1994 年 10 月，任多经企业副经理兼办公室主任。2002 年兼二期网改办副主任。2003 年主持网改工作。2006 年退居二线。进入供电部门工作后，我经历了几乎所有工作类型，收获丰富，感慨良多。

岳坊供电所是中心供电所，供电区域有 8 个公社，有马集、小涧、母集、牛五、区直 5 条 10 千伏线路，主变容量 3200 千伏安。1984 年，我在这里值班。1994 年秋，我又被安排到电力实业总公司任副经理兼办公室主任。上任之初，主持工作的领导因病住院。当时总公司下属有电线电缆厂、电器设备厂、变压器厂、电力安装公司、物资供应公司、电力商场、饭店、加油站等十余个单位，全民职工、集体职工和职工子女待业人员近 200 人，职工情绪不稳，业务开展不顺，面临诸多难题。经过认真分析，我们逐项梳理，问题逐步解决。1995 年，各单位经营都取得较好成果，扭亏为盈，职工收入明显增加。1996 年 9 月，万家灯火开业。1997 年，公司又成功收购长虹旅社，职工认可，经管成果颇丰，

也算是一次成功的收购。

因为电力实业下单位较多，业务不同，管理上我们实行经济考核，对不同单位，每年测算后签订经济考核责任书，连续多年均取得较好成效。

1988年，农电管理中心成立，蔡怀凌副站长主持工作，我与王长金、胡建光任副站长，管理11个区供电所、53个乡镇电力管理站。1990年，蔡怀凌任副局长后，我主持农电工作，当时属于阜阳电业局领导。先说安全，我主持农电工作时，把安全放在第一位。当时我们采取大规模大范围的全体宣传：一是安全标语、口号大传播；二是安全措施大落实（安装触电保安器）；三是安全责任到位，与区所站签订安全责任书。通过以上措施，安全事故明显下降，对保障用电群众安全起到了较好效果。农村电价管理方面，当时农村电价居高不下，管理混乱，群众怨言颇多，于是县政府下令1992年全县农村电价必须降到5角钱以下。这是命令，但执行不易。因为电价高的原因很多，政策性电价属合理性电价，政策加价，比如煤炭加价、三峡电价、地方加价、集资电价等，达7种之多，各有依据，废除何易！在收取电费过程中，增加收费的原因还有高压线损、低压线损、变器损耗、用电总表与分表的损耗，还有关系电、人情电、权力电等诸多因素，降到合理电价的难度可想而知。

知难而上，何其难！为解决电价高的问题，阜阳电业局把临泉、蒙城作为试点县。当时我牵头，成立一个组织，集思广益、广纳善言，只为了一个目的：年底实现农村用电（居民照明）5角以下。作为执行人和主持农电工作负责人，我责无旁贷，义不容辞，认真对待，全面思考，做出以下措施：一是与各供电所、乡镇电站长签订责任状，年底兑现，不留余地。二是拿出杜绝关系电、人情电、权力电的针对措施，发现一起处理一起，绝不姑息迁就。三是大造社会舆论，在电台、电视台宣传，在全县召开大会，分管副县长陈强作动员报告，有关区、乡长表态发言，农电区所长、乡镇站长表态。同时，11个区都举行不同形式的动员会议。四是加强检查落实。1992年，我很少休息，每天安排工作或散会后，都下到用户家了解情况，再找区所长、站长谈话，制定解决措施，一心为降价而劳作奔波。

蒙城一期农网改造自1998年开始，投资规模是3800万元。我当时在第三产业工作，虽然不是农网改造的领导小组成员，但为了公司，我还是不计名利，努力作为。在以后的数月内，由我组织抽调人员，多时曾达50人以上，连天加班。阜阳电业局听说后，由农电科张科长领队前来学习，之后又有其他县局前来参观学习。我这个没有参加一期网改的单位，反而成就了一件很难办的大事。

2002 年初，二期农网改造启动，局成立二期网改办公实验室，王健任主任，我任副主任。之后我向王健建议，近几天开一次会，全面动员，标准条件印好发放，统一布置，现场指导，及时交流，高标准，严要求，较好推动了二期网改任务。大概是 2002 年六七月份，王健调任利辛供电公司总工，之后局里未任命新人主持网改办工作。当时我担任多经企业副经理，兼办公室主任，又要主持二期网改的全面工作，压力可想而知。为使网改工作有条不紊地推进，我总是提前两三天考虑下一步工作，同时起用卢山（王健调走后不久任生产部副主任）、孙勇，让他们压担子夯责任。实践证明，他们确是后起之秀。二期网改办中的刘京、时朝锋、刘翔、李海燕、郑超、代建国、王伟、张莉、吴蕴等同志，都尽心工作，成绩斐然，现在这些同志多数都在中层管理岗位，成为公司发展的中坚力量。二期网改顺利完成，而且培养了这么多的优秀人才，也是我平生之慰。

在办好安装承装（修、试）许可证（一期）后，我即将到退休年龄，原想这下能安逸退休了，却又被公司领导"强行"委以重任。当时众多离职退职农电工为了工资待遇问题集体越级上访，省、市、县相关领导对此很重视，要求供电公司认真对待处理。虽然我已离开农电工作 20 余年，对农电工情况不太了解，但时任总经理张小东仍认为我有能力办好，坚持由我主持办理。随之我又开始了安抚工作。4 年里有 300 余名辞退农电工接连来访，多数人是我们农电中心站负责人的故旧，后因多种原因被辞退。为什么人数这么众多，一个主要原因是蒙城有 11 个区、53 个乡镇、500 多个行政村，数年来，区所长、乡镇站长数次更换，因与区所、乡镇站工作不配合或其他原因，解聘农电工的情况经常发生，原因各异。4 年间，我与公司汇报次数难以统计，与县接待办、县政府和劳动局的交往不计其数。2009 年 10 月，县政府召开会议，发了会议简报，同意为 1998 年以后辞退的农电工办理养老保险，费用自理；1998 年以前辞退的农电工可以办理新农保（蒙城县为原公社拖拉机驾驶员、水利员等新立的县级保险）。经过长达 1 年的详细统计、划分、整理，2010 年 12 月底，我们上报符合各条件办理社会养老保险的离职农电工 1592 人，当年办理退休的 50 人；办理新型养老保险的 111 人，当年办理退休的 30 来人。

我印象深刻的还有一件事，1988 年某一日，一场十分罕见的冰雨，造成全县除化肥厂线路外停电。停电就是命令，全局上下，紧急抢修，早出晚归。本着先急后援、先主干后分支的原则，2 天后县城主要干线和区所主要干线恢复送电，1周后全县恢复送电。

我到抢修现场只有2天，其余时间是留守处理事务。我到涡蒙线路查看灾情时，确实感到异常震惊：35千伏主干线弧垂中心离地不足1米，覆冰粗度近10米，如果不是升温较快，除冰就是一大难题。

有一个小插曲，我在接待来访人员时，其中有气象局石局长一行几人，石局长在讲灾情损失后提出索赔要求，说有几台计算机和其他设备因停电损坏，要求供电局赔偿。我很平静地问了石局长一句："你该知道什么是不可抗拒力吧？"石局长苦笑一下，随之就告辞了。

2006年以后，我已退居二线，有一天局领导突然通知我到他办公室，交付我一项任务，即由我牵头办理电力安装承装（修、试）许可证。当时这是新生事物，看到众多复杂条件后，我一片茫然，后来参加了省公司举办的培训班，回来后，经过许多领导和同事坚持不懈的努力，我公司承装（修、试）四级许可证很快取证了，是具备安装35千伏及以下电压等级的县级公司第一梯队！2012年，四级许可证满6年后，必须续办。3月6日上午，我与单位同事到潜山办理四级许可证续办事宜。续期办理应该说比较顺畅，因是二次办理，顺理成章，很快就颁发证件。但建筑安装市场的准入条件，不只是许可安装就行了，又增加了安全许可证。而安全许可证是在取得三级建筑安装许可证后才能办理。建筑安装又是一个新行当，为取得这一证件，让新电力公司合法地进入电力安装市场，取证为当务之急，虽有缓冲期，但必须有证，否则错过时机，再办就更为困难！我虽年过六十，但有信心办好，在查阅相关资料后，很快办理了建筑安装三级许可证。有了突破后，办理安全许可证时就有底气了，经一月余的不懈努力，终于成功取证！

第十五节　马学德：从军旅到电力

我叫马学德，1968年入党。1961年高中毕业后，被保送到西安工程兵学院，学习了6年发供电专业。毕业后参军，从技术员做起，直至总工。1983年至

1984 年在国防大学进修，进修结束后任团长、参谋长。1989 年转业，根据中共阜阳地委组织部文件，任涡阳县供电局党组书记（享受正县级待遇）。1997 年退居二线，担任调研员，主要参与《涡阳电力志》编写。2001 年退休。

我清楚地记得，进入供电局是 1990 年 2 月 2 日，时任局长李洪生。当时全县 15 个区镇场、74 个乡、785 个行政村，已通电 14 个区镇场。那时供电管理采取了调荷节电、计划用电和安全用电等措施。调荷节电是在能源紧张、电力补缺的情况下按照水电部、省电力局、阜阳电业局的有关规定，分配用电负荷。先由用户申请所需电量，供电部门核实以后确定供电指标。超限时拉闸停电，这样避免超荷大面积停电。为了管理好电能指标，供电局采取了 4 项措施：一是实行工厂轮休制；二是每月提前申报用电计划，供电局统一平衡；三是防止大设备小负荷，即"大马拉小车"现象，造成耗电浪费；四是采取"十户联表"，加强巡视检查，防止偷漏电。

计划用电，即根据水利电力部《关于按省、市、自治区实行计划用电包干的暂行管理办法》，按照阜阳地区三电办公室、阜阳电业局分配给我县的用电指标，经县委、县三电办、供电局把用电指标分配到各用电所及化肥厂，各所再分到用户。对大宗用户 5 天一统计。对不按用电计划的单位实行罚款，直至拉闸停电。计划包干用电总的原则是"谁超限谁，超用归还，择优供电"。

关于安全用电，那时供电局始终贯彻"安全第一、预防为主"的思想，狠抓安全规章制度的落实，坚持"两票两卡"制度——工作票、操作票，现场安全技术交底卡、安全措施卡，做到"三不伤害、四不放过"，形成了"人人讲安全，事事抓安全"的良好局面，多年来没有发生大的安全责任事故。供电局还采取了以下措施：一是建立安全领导小组，局长任组长，各站所有安全员形成安全网；二是加强安全用电宣传教育，利用放电影、宣传车，发放安全用电小册子，签订安全责任书，以提高人们的安全意识，增强安全责任意识；三是进行安全技术培训，提高职工和农电工的专业技能；四是定期对供电设备进行检修，变电所设备每年进行 1～2 次预防性试验；五是每年春秋两季进行安全大检查，清理障碍，排除隐患。

1993 年至 1997 年 9 月，我退休前，供电局的局长是杨健，我依然任党组书记。1994 年职工 343 人，党员 135 人。供电局内设局办公室、人教股、生技股、用电股、计财股、行政保卫股、调度所。1994 年 5 月 25 日，涡阳县供电局人、财、物正式移交阜阳电业局代管。同年进行了劳动、人事、工资 3 项制度改革。

根据《阜阳地区电力系统岗级等有关问题的通知》，各单位人均岗级控制在 6～8 级以内。根据皖农电〔1994〕43 号文件，涡阳供电局编制定员 294 人。三改后，涡阳供电局主业人员定编 253 人，人均岗级 6.3 级。根据工作需要，1995 年 1 月 14 日，10 个营业机构被撤销，成立了 24 个电力管理站（所）。同时成立了电力有限责任公司（三产总公司），设 6 个分公司，即工程公司、技术开发公司、低压配电公司、物资公司、运输公司、路灯管理所，分流职工 105 人。

1995 年根据省电公司"电力扶贫共富工程"精神，实施村村通电工程。供电局从省农调基础贷款 216 万元，群众集资 58.7 万元，共计 274.7 万元，组织 8 个施工队，到年底实现了村村通电。新增用电自然村 108 个，架设 10 千伏线路 258.9 千米，架设低压线路 274 千米，安装配电变压器 228 台，容量 7990 千伏安。

为了强化调度指挥，1996 年以来公司不断进行设备更新，组织人员外出培训，建立健全规章制度，2000 年通过了调度自动化验收。供电销售电价，2000 年 9 月 1 日以前，执行"双轨制"电价，即在国家销售目录电价和地方指导性电价的基础上，同时征收上级批准代收的各项"代征费用"，2000 年 9 月 1 日以后，国家目录电价和地方电价"并轨"，实行统一销售电价，以前的"代征费用"并入价内。这样简化了电价，增加了电价透明度，既便于操作，又便于管理和监督。2000 年以来，公司又加强了行风建设，进一步强化了"人民电业为人民"的服务宗旨和"尽心服务、尽力先行"的服务理念，向社会公布供电"八项承诺"，设立行风举报电话，聘请行风监督员 69 名，并开展"摸实情、出实招、办实事"走访调查活动。公司领导带队调查了 24 个供电所、27 个乡镇、681 个行政村和较有影响的民营企业，听取他们的意见和建议，发放"诚信服务征求意见表"，表内设电费电价、供电可靠率、服务质量、服务承诺兑现情况等调查项，后根据客户提的意见和建议，及时研究，采取改正措施，受到群众好评。

我自退二线至退休，见证了我们涡阳供电的又一重大变化。2000 年 6 月 5 日，根据安徽省经济贸易委员会、工商行政管理局、电力工业局下发皖经贸经〔2000〕27 号文件，涡阳县供电局改制为安徽省电力公司控股的子公司。在 2001 年 1 月 1 日，涡阳供电局改制，挂牌成立安徽电力涡阳供电有限责任公司。同年 11 月 16 日，涡阳供电有限责任公司根据省电力公司皖电人资〔2001〕15 号文件精神，成立四部两室，即总经理办公室、财务部、生产部、用电营销部、监察室、思想政治工作部。

退居二线后，我参与了《涡阳电力志》的编写，对涡阳供电的感情更深。我走访的老同志，现在很多都不在了，但是他们为涡阳供电的拼搏与付出，值得后辈铭记。涡阳供电发展到如今，离不开一代又一代供电人的付出。

涡阳电力的历史是可以追溯到解放前的。1934 年国民党涡阳县县长朱国衡邀同士绅孙协三合作，在新华街华佗庙创建涡光电灯厂，装 30 千瓦柴油机，使用栗炭、木柴作燃料发电，发电量仅供国民党机关和部分街道照明。但从 1938 年 5 月 21 日起，日军飞机轰炸涡阳县城 3 天，公房民宅被炸毁，电灯厂虽然幸存，也被迫停产。7 月 20 日日军撤离，涡阳县城收复，但电灯厂也无法营业。后有何伸豹和于子贞把机器运往界首集变卖。到此涡阳县解放前的发供电历史结束。中华人民共和国成立后，党和政府为了发展生产和改善人民生活条件，狠抓以电力为重点的能源建设，使电力工业蓬勃地向前发展。1956 年底，县政府向阜阳专署申请办电厂，批准后，从阜阳纱厂调一台 80 匹马力柴油发电机给涡阳。1957 年，涡阳开始办电厂，掀开了涡阳发电新的历史。那时候，供电线路少、老、差，而且电压不稳，时有时无，停电是常事。每家每户都要备用几盏煤油灯，手电筒更是照明常用品，电费有段时间是按照灯泡个数收的。为了改善这种状况，电力人齐心协力竖起了一根又一根电杆、一座又一座铁塔，一根根电线进入千家万户。为了完成任务，很多电网人，把孩子用一根背带系在身上，带往施工工地。涡阳电力的发展靠着党的正确领导，靠着一代又一代涡阳电力人的奋斗，实现了跨越式发展，保证了涡阳的工农业生产，为涡阳人民的幸福生活提供希望与光明。

对我来说印象最深的人和事，不是某个人，也不是某件事，而是一个群体及他们作出的贡献，是脚踏实地、老老实实为电力发展、为人民服务的电力人，他们为党工作、为涡阳人工作、为涡阳电力工作。这也是我一直坚持从事《涡阳电力志》编写、坚持记录我工作中的人和事的不竭动力。我想从我的角度把他们的精神、思想和作风记录下来。

文化与人是分不开的。涡电文化在我看来，是涡阳电力人干出来的，是涡阳电力人创造出来的，是涡阳电力人发展出来的。从我进入供电局，到我退休时离开供电公司，虽然仅仅是 11 年的时间，但我与供电的联系是延续至今的。涡阳供电的工作，让我思想得到进一步提高。1990 年进入供电局时，正值供电局面临思想碰撞比较大的时期，人心不稳。如何搞好团结，把大家拧成一股绳，消除大家的隔阂，以及把电费回收上去，是我当时面临的两大问题。但办法总比困难多。思想出现波动，咱们就分析原因，找出根源再因地制宜、划分区域地解决。一次谈话解决不了就多跑几次，问题解决了，慢慢地人心也就稳定了，就团结了。当时的涡阳供电局，面临的又一问题是电费回收问题，这就不得不提起我们的大客户三星化肥厂。那时候，三星化肥厂可是我们的超级大客户，如果他们的电费回收不上来，阜阳局就要停我们的电，我们的居民生活就要受影响。但为发展工农业，对三星化肥厂是有优惠电价的，如何平衡这种关系，把其中的差额、历史账目结算清楚，是个难题。我们写材料，联系县委的同志，到北京去反映，找到阜阳地委的负责人去反映，一遍又一遍反复地沟通，最后把事情给圆满解决了。

工作中遇到的困难说多也多，说少也少，矛盾和问题都是阶段性产生的，工作中也有做得不对的、现在看来有局限性和片面性的，但在做工作时，我永远牢记：企业靠我发展，我靠企业生存。要把涡阳供电保住，保证涡阳的工农业生产，保证完成上级任务。

附　　录

安徽省亳州地区电力工业发展大事记

1922 年，亳州士绅姜呈五等人出资 5 万多银圆、日本商人出资 20 万日元（合 14 万银圆），在涡河下关创建荣记电灯公司，进行火力发电。中方由冷华之任经理，日商福弟以股东身份兼任工程师。

1925 年，荣记电灯公司毁于孙殿英乱军之手。

1935 年 8 月，张村筹建小火力发电厂，安装美国产储花屯直流发电机 1 台。

1935 年，新华街华佗庙建涡光电灯厂，安装 30 千瓦发电机 1 台。

1936 年，张村小火力发电厂设备迁到涡阳县城，与涡光电灯厂合办。

1938 年，日本飞机轰炸涡阳县城城关，涡阳电灯厂停产倒闭。解放前涡阳办电的历史结束。

1949 年，为满足城镇生产、生活需要，亳县工商界集资 3000 多万元（人民币旧币），在打铜巷创办了华明电灯有限公司，当年 6 月运行发电。

1952 年，亳县工商联动员 245 户商户，集资 42 万元（人民币旧币），利用华明公司设备，在和平路另建新厂。次年 2 月运行发电，定名为建业电灯公司。

1955 年 12 月 1 日，公方投入股金 7582 元，实行公私合营，建业电灯公司易名为公私合营亳县建业电厂。

1956 年 12 月 26 日，蒙城电厂被批准兴建。

1956 年，涡阳县政府生产指挥部向阜阳地区行政公署申报涡阳建设电厂。

1957 年初，涡阳电厂兴建（在原石狮子街），同年 7 月发电，供城内照明和生产用电。厂长郑春堂，副厂长丁道理，成立电厂、油厂党支部，油厂领导朱清湘任党支部书记，电厂隶属县水利科。

1957 年 6 月，蒙城电厂厂房破土动工，安装 90 马力柴油机 1 部和 59 瓦发电机 1 台。10 月 1 日正式发电，结束了蒙城县无电的历史。

1958 年 8 月，亳县电厂建立，属公私合营，配置 1500 千瓦火力汽轮发电机组一套（1 号机组）。次年 3 月，建业电厂关闭。

1959 年 1 月，涡阳电厂与水利局合并，成立水电局，涡阳电厂隶属水电局。

1960 年 3 月，筹建涡阳西关电厂，征地 30682 平方米，投资 210 万元，并成立外线班。

1965 年 9 月 3 日，利辛县电厂成立并投入运行。

1967 年 2 月，2 号机组投入运行，亳县电厂年总发电能力提高到 1000 万千瓦时。

1967 年，涡阳、蒙城、亳县、利辛四县编制了濉溪—涡阳 110 千伏输变电工程规划，1968 年纳入国家重点建设项目。

1968 年 11 月 10 日，亳县及河南省鹿邑县、郸城县，同时提请将濉溪至涡阳的 110 千伏线路延伸至亳县。次年，国家水电部批准该项目实施。

1969 年，亳县开始建设农业用电设施，主要用于井灌。

1969 年，淮北至涡阳 110 千伏高压输电线路和 110 千伏变电所开始建设，涡阳至利辛 35 千伏线路、涡阳至蒙城 35 千伏线路、涡阳至亳县 35 千伏线路开始建设，并于次年 10 月 1 日同时运行。

1970 年 5 月，35 千伏许疃输变电工程正式投入运行，标志着蒙城县第一次引用电网电力。

1970 年，涡阳至陆阳 10 千伏 103 线路（涡阳—高炉）建成，涡阳至丰集 10 千伏 108 线路（涡阳—楚店—双庙）建成，并于 10 月 1 日投入运行。

1971 年 1 月 20 日，三化办公室更名为亳县供电管理站，以趸售价格向淮北购电，并对全县实行计划供应。

1971 年，亳县城西关建立了 110 千伏变电所。

1972 年 6 月，涡阳至花沟 10 千伏线路建成，全长 42.7 千米，9 月运行。

1973 年，涡阳至化肥厂 10 千伏线路建成，全长 3.4 千米。同年 11 月，涡阳至邓楼 35 千伏输电线路施工，1974 年竣工，全长 20.2 千米。

1974 年 1 月，亳县供电管理站成为淮北供电局的趸售用户。

1976 年 4 月，筹建李楼简易变电所，并筹建涡阳—李楼 35 千伏线路。同年，省投资 16 万元，县投资 4 万元，对西关电厂进行改造与维护。

1977 年 4 月，筹建王窑变电所，1982 年 1 月运行。

1979 年 5 月 30 日，在涡阳供电所的基础上，成立涡阳供电局。

1979 年 6 月，亳县供电管理站改为亳县供电局。

1979 年 7 月 16 日，利辛供电所从水电局划出，改为利辛供电局。

1981 年 1 月 30 日，因燃料缺乏，亳县电厂停产。同年 7 月，亳县电厂与县供电局合并，建制撤销。

1981 年 7 月 1 日，涡阳县供电由淮北电业局移交阜阳电业局管理。

1981 年 12 月 15 日，阚疃 110 千伏变电所建成并投运。

1984 年 4 月，亳县供电局改为供电公司。10 月再改为亳县供电局，为政企合一的专职机构。城乡设有供电管理所、站。

1984 年 5 月，引用外资 110 万元，扩建了双涧 35 千伏变电所，改建了双涧区境内的 10 千伏及低压配电线路。

1984 年，国家投资 340 万元，改扩建涡—蒙 110 千伏输变电工程。至此，蒙城县境内首次引用了电网 110 千伏高电压电力。

1986 年 5 月，蒙城全县通电村已有 377 个，通电率为 69%。9 月，蒙城县供电局综合大楼竣工使用。

1987 年 3 月 6 日，新建的望疃 35 千伏变电所开始投入运行。

1988 年 7 月 20 日，利辛县供电局新建办公大楼交付使用。

1988 年 12 月，蒙城供电局电能计量管理荣获"国家三级计量认证"称号。

1988 年，利辛县供电局被县委、县政府授牌为"文明单位"。

1990 年，亳州市供电局设立农电总站。

1991 年 3 月，中共蒙城县供电局党总支委员会成立。

1994 年 5 月，利辛县供电局进行人事、劳动、工资 3 项制度改革，纳入阜阳电业局系统管理。

1994 年 5 月，涡阳供电局划归阜阳电业局管理。

1994 年 12 月 10 日，新架 10 千伏线路 69.45 千米、低压线路 169.57 千米，新增配变 44 台、容量 2190 千伏安，新增用电农户 20000 户，蒙城县村通电率达到 100%，户通电率为 93.90%，受到阜阳地区行政公署通令嘉奖和 100 万元的资金奖励。

1995 年 12 月，利辛县实现全县"村村通电"，受到省、市政府通令嘉奖。

1995 年，亳州市供电局成立农电管理总站，下设十八里、十河、双沟、古城、大杨、十九里、张苇、五马、张集、魏岗、城北电力管理站。

1995 年，蒙城县供电局荣获安徽省电力工业局、华东电管局"电力'三为'服务达标县局"称号。

1996 年 1 月，利辛县供电局在电力"三为"服务创建工作中，经检查验收，被国家电力部授予"电力'三为'服务达标单位"称号。

1996 年，经省农电局批准动工，兴建王市 35 千伏变电所及王人 35 千伏变电所。王市变电所于 1997 年 5 月建成投运供电，王人变电所于 1998 年 10 月 1 日建成投运供电。

1996 年，蒙城县供电局先后被评为"安徽省农电系统全优单位""阜阳地区文明单位""华东电网和电力部'三为'服务达标单位"。

1996 年 7 月，蒙城县供电局被评为电力部首届"双文明单位"。

1998 年，利辛县遇到特大洪涝灾害，利辛县供电局因表现优异被县委、县政府评为先进单位。

1998 年，亳州市供电局成立十八里、十河、双沟、古城、大杨、十九里、张集、魏岗、五马、辛集、张苇、赵桥、城北供电管理所，原电力管理站同时撤销。

1999 年 6 月，利辛县供电局集体企业利辛县电力受电工程有限公司成立。

1999 年，亳州市供电局成立古井、张店、沙土、观堂、淝河、城父、大寺供电管理所，同时撤销张苇供电管理所。同年，成立牛集、安溜、立德、龙扬供电管理所。

2000 年 1 月 1 日，涡阳供电有限责任公司挂牌成立。

2000 年 9 月 1 日，亳州地区实行统一销售电价，将国家目录电价和地方电价"并轨"。

2000 年 12 月 31 日，安徽电力蒙城供电有限责任公司正式挂牌运作。

2000 年，利辛县供电局被省电力公司授予"优质服务先进单位"及"双文明创建先进单位"。

2001 年 11 月，利辛县供电局更名为安徽省电力利辛县供电有限责任公司。

2002 年 7 月 9 日，安徽省电力公司亳州供电公司成立。

2002 年 8 月 23 日，涡阳供电有限责任公司归亳州供电公司管理。

2002 年 12 月 31 日，阜阳供电局与亳州供电公司进行工作交接，亳州供电公司于 2003 年 1 月 1 日正式运营亳州电网。

2002 年，蒙城供电公司完成"两改一同价"。

2002 年，省电力公司授予涡阳供电公司"安全管理先进集体"称号。

2003 年 8 月 14 日，利辛县供电有限责任公司受省总工会表彰，被评为全省模范"职工之家"。

2003 年 8 月 27 日，亳州供电公司召开第一届第一次职工代表大会。

2003 年 8 月，省电力公司授予涡阳供电公司"文明单位"称号。

2004 年 12 月 24 日，亳州供电有限责任公司谯城区农电服务有限责任公司成立。

2005 年 12 月 26 日，城南变综合自动化改造工作圆满结束，城南变成为继汤陵变、亳州变之后第三个实现综合自动化、具备无人值班条件的变电所。

2005 年，省电力公司授予涡阳供电公司"先进基层党组织""先进生产管理单位"称号。

2006 年 1 月 16 日，亳州供电公司调度办公楼正式启用，标志着公司由组建阶段进入加快发展阶段。

2006 年 1 月，亳州供电公司荣获 2005 年度全国"安康杯"竞赛"优胜企业"称号。

2006 年 6 月 30 日，亳州供电公司完成"户户通电"工程，亳州市全面实现户户通电。

2006 年 11 月 16 日，中国共产党亳州供电公司第一次党员大会召开。

2006 年，在原利辛农村电力服务公司基础上，注册成立利辛县阳光电力维修工程有限责任公司。

2007 年 9 月 3 日，利辛县刘集乡刘染村国家电网爱心希望小学正式竣工并投入使用。

2007 年，省电力公司授予涡阳供电公司"先进县级供电公司"称号。

2008 年 4 月，亳州供电公司实现省市级文明单位两级联创，被授予"安徽省第八届文明单位"称号。

2008 年 5 月 3 日，220 千伏焦楼输变电工程投入运行，这是亳州供电公司建设投运的第一个 220 千伏输变电工程。

2008 年 6 月 12 日，亳州供电公司获得计量授权证书，代表市监督局进行计量监测。

2008 年 11 月 5 日，安徽省电力公司、亳州市人民政府就亳州供电有限责任公司无偿股权划转事宜达成协议。

2009 年 6 月 5 日，公司首台 18 万千伏安主变（涡阳变♯2 主变）成功启动送电。

2009 年 9 月，220 千伏茨淮变电站一次送电成功，投入运行。110 千伏孙集变投运，建设规模 110 千伏主变 2 台，容量 100 兆伏安。

2009 年，市县公司融合的第一个单位计量中心成立。

2010 年 1 月 18 日，亳州供电公司召开线路工区成立大会，标志着公司输电线路运行维护业务的整合初步完成。

2010 年 2 月 2 日，亳州 220 千伏焦楼变电站扩建工程顺利启动送电。

2010 年 3 月 5 日，亳州供电公司谯城供电服务中心成立大会举行。

2010 年 3 月 16 日，亳州供电公司召开客户服务中心、电费结算中心成立大会。

2010 年 5 月 11 日，蒙城供电公司 ERP 项目成功上线。

2010 年 7 月 5 日，亳州供电公司获 2009 年度全国"安康杯"竞赛"优胜企业"称号。

2010 年 12 月 15 日，亳州供电公司被授予"安徽省第九届文明单位"称号。

2011 年 1 月 1 日，蒙城供电公司改制为安徽省电力公司的全资子公司。

2011 年 7 月 10 日，利辛供电有限责任公司被安徽省委、安徽省人民政府授予"安徽省第九届文明单位"称号。

2011 年 9 月 28 日，亳州市首座 110 千伏全室内式变电站——园艺变电站成功送电。

2012 年 3 月 30 日，220 千伏临涣电厂至濉溪变双回线路改接入伯阳开关站工程启动送电成功。

2012 年 9 月 3 日，亳州供电公司荣获省级"廉政文化先进企业示范点"称号。

2012 年 10 月，蒙城供电公司荣获安徽省电力公司"一流县级公司"荣誉称号。

2013 年 1 月，利辛供电有限责任公司被安徽省消费者协会授予"安徽省第九届诚信单位"称号。

2013 年 3 月 26 日，亳州变 14 线路和凤尾变 155 线路合环操作顺利实施，这是亳州供电公司首次配网合环操作。

2013 年 6 月 27 日，安徽电力涡阳供电有限责任公司更名为国网安徽涡阳县供电有限责任公司。

2013 年 7 月 5 日，安徽电力蒙城供电有限责任公司更名为国网安徽蒙城县供电有限责任公司。

2013 年 7 月 13 日，公司辖区电网最大负荷达 100.7 万千瓦，第五次刷新历史纪录，并突破百万千瓦大关。

2013 年 8 月 27 日，在省电力公司"2013 年度企业管理创新成果"评比中，亳州供电公司 7 项管理创新成果分别获得一、二、三等奖。

2013 年 10 月 8 日，亳州供电公司营销计量楼正式投入使用。

2013 年 11 月，利辛供电有限责任公司被中国电力传媒集团有限公司、中国电力报刊协会授予第九届"中电传媒杯"全国电力行业优秀电视片展评暨 2013 年度"中国电力新闻奖"作品评选三等奖。

2013 年 12 月 19 日，公司全面建设"三集五大"体系，机构设置、部门工作职责及人员编制重新明确。设置职能部门 10 个，本着"组织调配、双向选择、竞聘上岗"原则进行了"五大"体系内人员配置，同时开展了人员优化、分流安置。

2013 年，购网电量达到 2100.35 万千瓦时。

2014 年 1 月 15 日，220 千伏赵魏 2C26 线路顺利投运，同时也实现了亳州城区 220 千伏电网环网运行。

2014 年 2 月 8 日，亳州供电公司获省公司"2013 年度输电精益化管理红旗单位"称号。

2014 年 8 月 1 日，亳州供电公司第八次被评为全国"安康杯"竞赛"优胜单位"。

2014 年 8 月 13 日，亳州配网首次合环倒电成功。

2014 年 9 月 24 日，亳州地区监控班首次实现 220 千伏开关远方操作。

2014 年 10 月 30 日，亳州电网首座大型开闭所（10 千伏魏武广场开闭所）启动送电成功。

2014 年 12 月，利辛供电有限责任公司被安徽省委、省政府、省文明委授予"安徽省第十届文明单位"称号。

2014 年，蒙城供电公司不断优化县境内主电网结构，完成 220 千伏漆园变、110 千伏楚村变及配套线路工程建设任务；89％的 35 千伏变电所实现了双电源供电。

2015 年 1 月 7 日，亳州供电公司省地县一体化网损系统通过省公司验收。

2015 年 1 月，利辛供电公司被安徽省消费者协会授予安徽省"诚信单位"称号。

2015 年 6 月 1 日，亳州地区首个二次设备舱集成式变电站（110 千伏楚村二次设备舱集成式变电站）完成验收。

2015年6月，利辛供电公司被中共国网安徽省电力有限公司委员会授予2015年度安徽省"电网先锋党支部"称号。

2015年6月23日，亳州供电公司第九次荣获全国"安康杯"竞赛"优胜单位"殊荣。

2015年11月，利辛供电公司变电检修班QC小组被国网安徽省电力公司授予"国网安徽省电力公司2015年度QC成果"称号。

2015年12月，蒙城全县城乡电力用户智能电表共安装37.12万只，采集覆盖率达到100％。该项工作在当年全省县级公司中排名第一。

2015年，涡阳县农网工程总投资24008万元，项目400个。总体建设规模为：建改35千伏变电站5座，容量10万千伏安；建改35千伏线路5条，长度58千米；建改配变534台，10千伏线路326.4千米，低压线路685.34千米，改造农户数5.4万户。

2016年1月7日，亳州供电公司首个营销业务监控中心在涡阳公司揭牌成立。

2016年1月，利辛县供电公司被安徽省安全生产监督管理局命名为"2015年度全省安全文化建设示范企业"。

2016年2月，利辛供电公司被中共国网安徽省电力有限公司党组授予"安徽省电力公司企业文化建设示范点"称号。

2016年7月，利辛供电公司被安徽省总工会授予安徽省"安康杯"竞赛"优胜单位"称号。

2017年2月，涡阳供电公司荣获"2016年度国网安徽省电力公司绩效管理工作先进单位"称号。

2017年3月9日，亳州供电公司3个专业班组荣获"国网先进班组"称号。

2017年4月25日，亳州供电公司完成亳州域内6家省级工业园区战略合作协议签订。

2017年6月，利辛供电公司被中共国网安徽省电力有限公司党组授予电网"先锋党支部"称号。

2017年6月30日，利辛县光伏扶贫电站总装机容量达202573.2千瓦。

2017年8月，利辛供电公司被中共国家电网有限公司党组授予国家电网"文明单位"称号。

2017 年，国网涡阳县供电公司被评为第十一届安徽省"文明单位"。

2018 年 1 月 31 日，亳州市第一座 500 千伏变电站亳州伯阳 500 千伏输变电工程顺利完成启动送电。

2018 年 3 月 9 日，国网亳州供电公司首获"省政府科技进步奖"。

2018 年 5 月 14 日，亳州市谯城阳光电力维修工程有限责任公司吸收合并利辛县阳光电力维修工程有限责任公司。吸收合并完成后，亳州市谯城阳光电力维修工程有限责任公司存续，利辛县阳光电力维修工程有限责任公司注销。

2018 年 5 月 25 日，国网亳州供电公司被评为安徽省和亳州市"安康杯"竞赛"优胜单位"。

2018 年 8 月 9 日，国网亳州供电服务指挥中心（配网调控中心）挂牌成立。

2018 年 8 月 16 日，国网亳州供电公司被评为"亳州市公益扶贫爱心单位"。

2018 年 10 月，利辛县供电公司被国家卫生健康委、中国红十字会总会、中央军委后勤保障卫生局授予"无偿献血促进奖"。

2018 年 11 月 13 日，国内首条全裸露耐候钢杆塔线路（亳州夏湖—孙庙 110 千伏耐候钢线路）在亳州利辛建成。

2019 年 1 月 6 日，国网亳州供电公司 2018 年电费回收考核指标收官，全年实现当年电费回收 100％、陈欠电费回收 100％，首次实现了欠费和电费"双结零"工作目标。

2019 年 3 月 21 日，国网亳州供电公司首台变电智能巡检机器人在 220 千伏焦楼变电站"上岗"。

2019 年 7 月，利辛、涡阳、蒙城 3 家县公司供电服务指挥中心先后挂牌成立，在全省最早实现了县公司供电服务指挥中心实体化运作，公司初步建成市县一体化的供电服务指挥体系。

2019 年 12 月 21 日，利辛县供电公司新建生产综合楼竣工并搬迁投运，建筑面积 7700 平方米。

2020 年 12 月，国网涡阳县供电公司荣获第十二届"安徽省文明单位"称号。

参 考 资 料

[1]《中国电机工业发展史：百年回顾与展望》编写组. 中国电机工业发展史：百年回顾与展望［M］. 北京：机械工业出版社，2011.

[2] 安徽省地方志编委会办公室. 安徽省志·电力工业志（1986—2005）［M］. 北京：方志出版社，2018.

[3] 亳州市地方志编纂委员会. 亳州市志［M］. 合肥：黄山书社，1996.

[4] 亳州市谯城区地方志编纂委员会. 亳州市志（1987—2000）［M］. 合肥：黄山书社，2013.

[5] 亳州市地方志编纂委员会. 亳州市志（2000—2009）［M］. 北京：方志出版社，2010.

[6] 陈刚. 中国电视图史（1958—2015）［M］. 北京：中国传媒大学出版社，2019.

[7] 谯城区档案馆馆藏档案［A］.

后　记

习近平总书记说，历史是最好的教科书，也是最好的清醒剂。铭记是为了更好地前行，亳州作为历史文化名城，历史悠久，是中华民族古老文化的发祥地之一。20 世纪 20 年代初期，"电能"首次出现在这片美丽富饶的土地上。组织编写《安徽省亳州地区电力发展史》，是为回顾亳州电力发展史，是为记录亳州电力事业的发展离不开亳州人民的艰辛努力、离不开党和政府的大力支持。

亳州电力初创期，起步维艰，在曲折中摸索前行。1922 年，亳州开启了属于自己的电力事业，为这片古老的土地带来了"新事物"，让亳州人民第一次见到了"电"的神奇和伟大，在亳州人民心中埋下了发展电力事业的种子。纷飞的战火和混乱的社会环境一度让亳州的电力事业处于"黑暗之中"。亳州解放后，在中国共产党领导下，亳州电力事业重新起步，在社会主义社会中飞速发展，取得了惊人成就。亳州电力人用百年奋斗历程描摹出安徽电力乃至中国电力的缩影，演绎了从无到有、由小到大、由弱到强的发展奇迹。如今，亳州市工农业生产和商贸金融活动日益繁荣，电力工业已经成为亳州国民经济发展的支柱产业。

亳州电力本着"人民电业为人民"的企业宗旨，为亳州经济社会发展提供了强劲动力。今天，我们距离实现中华民族伟大复兴的宏伟目标如此之近，我们比历史上任何时期都更有信心、有能力实现这个目标。

行走在这条康庄大道上，无论什么样的风雨，都无法阻挡中国人民奔向美好生活的脚步。作为国民经济的"血脉"，以亳州电力为代表的中国电力工业正肩负着历史赋予的光荣使命。我希望通过整理一部亳州电力发展史，回顾历史，全方位展现亳州电力事业，勾勒中国电力前进轨迹；展望前景，呈现未来发展趋势。抚今追昔，永志前辈功绩；继往开来，激励后人奋进。

自 2020 年 4 月 27 日始，由公司党建部牵头制定《2020 年国网亳州供电公司印记·亳电方案》，成立印记·亳电工作组，制订并撰写具体工作实施方案。在公司领导的重视和关切下，本书编写正式启动，共分为 3 个阶段。第一阶段，收集资料，做编前准备。公司党建部牵头负责实施，各单位按照实施方案开展印记·亳电照片和物品收集工作，每两周召开一次工作推进会，通报工作进展情况，协调解决工作中存在的问题。成立档案整理小组，由市县公司档案专责组成，同时邀约档案专业人士，前往市县地区档案馆查阅有关电元素的影像、文字资料并分类记录；组织开展摄影专题座谈会，邀约亳州市著名的摄影大家参加；印发国网亳州供电公司印记·亳电材料征集倡议书，在公司范围内进行征集；结合主题党日活动，以支部为单位，走访离退休干部职工，收集有价值的素材。由于第一阶段工作充分，收集了大量的有效素材，也为本书的正式编写提供了重要支撑。第二阶段，梳理大纲，实施编写。公司党建部主要牵头，组织办公室、组织部、发策部、建设部、营销部、运检部、财务部、互联网办、调控中心等相关部门召开会议，梳理亳州电力发展大事记，整合资源，每个部门指定编写人参与编制，定期召开双周例会，对每版文稿进行审查修改；公司团委积极派人分赴各离退休干部同事家中采访，记录他们那个年代亳州电力的发展历程，充实本书的历史底蕴和厚重度。第三阶段，专家指导，完善编写。本书编写过程中，特邀安徽大学鄞张翼教授与亳州文史学者程诚先生给予全程指导，其中公司青年员工采访离退休干部职工文稿由亳州文史学者程诚先生择优推荐至区政协文史资料。在大家的共同努力和各界领导的共同关心下，本书从收集历史影像文字资料、编写、调整、修改、纠错，历经 2 年最终形成第 7 稿，共 8 个部分，引用了大量新的档案资料与图片资料，图文合计近 20 万字。全书经过了多位专家论证，获一致好评。

本书的整理与研究得到了国网安徽电力有限公司领导的大力支持与指导，各职能部门与青年职工积极参与，部分离退休老干部提供了宝贵的口述回忆。该工作更是得到时任公司总经理梁伟、党委书记汪泳同志的亲自指导和部署。在公司党委的重视与安排下，党委党建部作为牵头负责部门，由孟筱筱主要具办，做了大量具体工作，米嵩、张良、唐亚非 3 位同志积极参与。安徽大学鄞张翼教授统编全稿，亳州文史学者程诚先生、亳州一中朱振宇老师在编辑、整理与校对方面给予了专业意见。安徽中医药大学宋海洋、安徽大学戎星宇、中南大学孙威等同志参与了档案的搜集与整理。亳州摄影家张建华、张延林、李洪涛与梁西海等多位同志提供了宝贵的影像资料。在此，一并表示感谢。

谨向所有给予本书关注、帮助和支持的单位和同志致以诚挚的感谢！

书中如有不当之处，恳请广大读者不吝指正。

李　君

2023 年 7 月